「わかり方」の探究

―思索と行動の原点―

佐伯 胖

Yutaka Sayeki

「わかり方」の探究

――思索と行動の原点――

もくじ

第1章　わかるということ

第2章 わかり方のさまざま

第3章　わかることと生きること

装画　島田鮎子［雨をきく］
装丁　大野鶴子（クリエイティブ・サノ・ジャパン）
DTP　吉野工房
編集協力　真英社
山澤拓司

第1章
わかるということ

1.
「わかる」とはどういうことか

一、わかろうとする人間

人は、生まれながらにして、わかろうとしている。

本書を書くに当たって、最初にこのことを前提にしたい。「わかろうとしている」――つまり、人は生まれ落ちた瞬間から息を引き取るまで、いつも、「わからない」状態から「わかる」状態へむけての過渡的状態のままでいるし、また、「さらにわかろう」として、絶えず活動しつづけている、ということを、まず「公理」として認めようというのである。

もう一つ、公理として認めたいことがある。それは次のことである。

人は生まれたときから、己をとりまく文化になじみ、その文化の発展と新しい文化的価値の創造へ参加しようとしている。

この公理は、一見すると、冒頭にあげた公理と何の関係もないもののようである。しかし、私はあえて、この二つの公理が、実は、表裏一体だと主張したいのである。

すなわち、人は、生まれながらにして「わかろうとする」ことによって、文化に参加しようとしている。

ここでいう文化とは、人びとの集団が年月を通してつくり出してきたものごとの見方、考え方、信念、価値、並びに行為様式を指し、その集団のメンバーがそれを共有することによって、日々の生活を円滑に、豊かに、そして充実して営むことを可能ならしめるものを指す。さらに、文化はその集団のメンバーの絶えざる実践と創出を通し、また、メンバー相互の「共有への志向」によって、日々変革され、発展していくものと考える。

以上のことをもう少し詳しく説明しよう。

子どもが何かについて「わかった！」といったとしよう。私は、その子どもがこの瞬間に、文化へ参加したとみる。「わかった！」のは、その子どもがある文化的価値を自分自身の自発性の下に積極的に受け入れたことであり、また同時に、その子どものもつ「理解」というものが、その子どもをとりまく人びとにとって共有される新しいよろこび、価値の産出である、ということ。すなわち、文化的価値の受容と創出の同時的な発生を意味しており、まさしく「文化的活動」なのだ、と考えるのである。そして、私が主張することは、このような、文化的創出活動としての「わかること」こそが、人が生まれ落ちた瞬間から息を引き取るまでつづけていくものだということ、このことを公理として、大前提として、認めていこうということである。

私事にわたるが、最近、ひとりの知人を亡くした。正確には、私の母の友人なのだが、私の知人でもあったその人は、三十年間を病院のベッドの上で過ごした。親類と呼べる人もなく、ごく少数の知人たちと、病院の看護婦さん、お医者さんだけが参列した小さな教会の小さな葬儀ミサの中で、私は言い知れない感動を経験した。

その人は、何も遺《のこ》さなかった。何の「業績」もなかった。

三十年間、ベッドの上で苦しみ、最後の数週間は、一呼吸ごとに「苦しい」と言っておられた。しかし、その人はたしかに「理解」というものをもっていた。その、「わかる」ということを通して、私たちとともにいた。

そのことを想《おも》いかえしたときに、私は、人が何らかの「達成」によってではなく、「わかる」ということで、文化に参加し、「私たち」の仲間たりえたことを知ったのである。

ある人が「わかる」のは、その人だけが「わかる」のではない。私たちと共感しあい、「ともにわかる」ことにむけて、その人自身が、自律的に、文化に参加してきている。

私たちもまた、「わかる」ことを通して、「その人の理解」をその人のものとしながら、その価値、すばらしさ、大切さを、社会として、文化として、価値づけることに参加するのである。

人の「理解」というものは、その人の作品である。作品はうずもれて、まわりの人の目にふれないかもしれない。しかし、そのことは、それが本来、作品であるという事実をいささかも歪《ゆが》めない。見るべき人が見たときにわかる（まさに「ともにわかる」）ことのできる作品なのである。「見るべき人」というのは、見ることのできる人、という意味である。

路上で死に行く人のもつ「理解」の作品を見ることのできるマザー・テレサ。そういう「見る眼《め》をもった人」がほかにも数多くいる。そして、そういう人の眼が、そういう人の「理解」が、また、ノーベル平和賞にも値する文化的価値なのであり、人びとによって共有されるべきものなのである。

「わかった！」——それは受容の瞬間であるよりも、（作品の）創出の瞬間であることを、また、人が「わかった」ときには、それは同時に、誰かとおのれが理解を共有しようという外的はたらきかけのはじまりであることを、文化への参加の意志の発生であることを、私たちは決して見逃してはならない。

二、参加による文化の取り込み

「わかろうとしている」というのは、「わかっている」でもないし、「わからない」でもない。まさにその中間にあることを指している。このことは、人がつねに「わかりつづけている」ということでもある。一つのことが「わかった」とき、次のことを「わかろう」としはじめる。そのことがわかれば、また次のことを……というように、わかろうとする営みはどこまでもつづく。

ところで、このような「わかろうとしている」状態が持続していくためには、次のことがどうしても必要となる。

(1)文化の中で、(社会にとって)わかるべきこととされていることの取り込み。
(2)自らの認識活動の中で、(自分にとって)わかるべきことの自然なわき起こり。

　文化からの取り込みは、人が他人や社会との相互交渉によって行っていく。自らの認識からのわき起こりは、自らの認識を吟味し、反省するプロセスで得られる。

　ここで、重要なことは、文化からの取り込みと自らの認識からのわき起こりが、相互にかかわりあい、出会うということである。すなわち、文化の中で実践されているさまざまな知的探究の試みは、ただ単にその文化の中で生活する人の周辺で行われているということだけで、その人の心に自然にしみ込むわけではない。それは、その人の認識の中での「自然なわき起こり」を触発し、より有効に自己吟味を達成させ、わかるべきことが自らの自発的選択として文化の中から選びとられて、取り込まれるのである。もちろん、人は自らの認識の吟味、発展、矛盾の解消などのスキル自体をも、文化の中から得る。その意味で、自然なわき起こりといっても、外界からのはたらきかけを必要とするものである。

　このように、文化からの取り込みと、自らの中における必要性のわき起こりとが、相互依存的な関係をもち、絶えず交渉をもちながら発展していくとき、人は「わかろう」としつづけていくのである。このことを、もう少し別のことばでいいかえると次のようになる。

　人は文化の営みの中から、自らの認識の必然性と合致できるものを取り込み、また、そのことによって、より深く、文化に参加し、自らと文化との結びつきを強めていく。

このような文化的営みとの出会いによる文化への参加を、幼児から大人まで（もちろん、老人も含め）、すべての年齢で変わらぬ、人間的営みの中心に考える、というのが私の提案である。このような提案によって、私が反対し、否定しようとしている考え方も示しておこう。

私がまず反対したい考え方は、知識や技能の伝達、あるいは、文化遺産の伝承こそ、教育活動の中心であるとする考え方である。もちろん、知的遺産の伝承は、教育活動の一つの側面であることを否定するものではない。しかし、伝承そのものが教育の目的であるとすることは、伝承されていない段階の子どもを、人間にとって自然な文化的営みから隔離させてしまうことになる。それだけではない。「達成」の未熟な障害者や遅滞児を、文化的営みに参加させないで、隔離する考え方に陥る。特定の技能や「知識」（一般の人が「合格」できるテストの成績）の未熟な者は、ある程度の技能や知識が伝承されるまでは、文化には参加させないという考え方になる。（ここで、「隔離」といったのは、必ずしも空間的な「隔離」の当否のことを論じているのではない。そのような人たちを人間の文化的営みから除外して考える人びとの心のもち方、接し方の中にひそむ、意識の中での「隔離」を指摘して、断罪しているのである。）

三、「できる」と「わかる」

「できるようになる」ということと、「わかるようになる」ということは、同じことだろうか、それとも全く別のことだろうか。

両者が異なった内容をもっていることは明らかである。前者は、Knowing How に属する知識であり、後者は、Knowing That に属する知識である。

前者は行為による目標の達成が志向されているのに対し、後者では、行為による達成が志向されているのではなく、「わかっている」という心的状態、性向が志向されている。前者は、効率的に、とか、うまく、とか、みごとに、といったような、外から観察される特徴づけでいいあらわせるが、後者は、原則的には、本人にしかわからない。「太郎さんはわかる」とはいえない。（「太郎さんはできる」という表現はごく自然であろう。）

しかし、ここで注意していただきたいことは、「できる」ということと「わかる」ということを、このように二分して考える見方自体が、実は、きわめて人工的な二分法であるということである。

たとえば、「からだでわかる」という表現がある。これは「できる」ことなのだろうか、それとも「わかる」ことなのだろうか。

また、宮本武蔵のように、「剣の道を極める」ための修業の途中で、いろいろと悟ったり、開眼したりするプロセスは、「できるようになる」のか「わかるようになる」のか。

このように、東洋思想の中には、「できる」と「わかる」との間を、それほど明確な一線を画して区分する考え方はもともとなかった。また、「理解」を一種の「作品」とみなす私の考え方も、「できる」ことと「わかる」こととの一体化を含んだ考え方である。つまり、人は「理解をつくり上げることができる」という考え方である。

しかし、今日の学校教育の中では、「できる」と「わかる」は明確に分離されてしまう。「わかっていない」にもかかわらず、テストの点だけは高いという学生の存在、「わからせよう」と努めると、授業が進まないので、「要するにどういうことができればよいか」をはじめから目標にして訓練する、つまり、暗記と機械的な反復練習で学ばせようとする授業の中では、人工的に、「できる」だけが、「わかる」から切り離されている。しかし、このようにして、「わかる」から分離されてしまった「できる」は、実は案外「できない」のではないだろうか。テストの形で出た問題に対しては、一応「できる」ように見受けられる。しかし、現実の社会でのさまざまな事態に対して、自らの知識を活用できるかといえば、これは全く「できない」のである。

このような「見かけ上の」できる力を、真のできる力にもどすためには、「できる」ということを文化的営みへの参加として位置づけ直すことにあると考える。

子どもは大人のマネをするのが好きである。まだ生まれて数か月の子どもの発声すらも、もうその文化のその国のことばの特徴づけがみられるという。幼児も文字を書き出すはるか以前に、文字みたいなものを書きはじめている。このようなマネの行為は「意味がわかって」の行為ではなく、「わかる」以前の「できる」であるというように思われやすい。しかし、私は、このような未熟なモノマネの存在こそ、乳児や子どもが生まれながらにして文化の参加者になろうとしていることを示しているると解するのである。そして、赤ん坊や子どもの行うマネ自体が、私たちの社会で「それなりに」受け入れられ、その子どもへの積極的なはたらきかけを誘発する。さらに、お手伝いをやらせたり、大人の社会での同席を認めたりすることにもなる。これらは、子どもがマネを通して、社会的・文化的活動の参加者になっていくことを示している。

ロシアの心理学者ヴィゴツキー流にいえば次のようになるであろう。

「参加は理解に先行する。人はものごとを理解するより前に、大人の行為のマネや、大人に助けられた社会的文化的行為のなぞりによって、文化的営みへの参加のレベルを深めていく。しかし、子どもはしだいに、『理解』そのものが文化的に受け入れられることを知りはじめ、理解をつくり出そうとする。その段階で、さきに、ほとんど無反省的に取りこまれていた行為が、意味理解によって吟味されたり、裏づけされるのである。」

もちろん、ここで重要なことは、「理解」そのものが作品として価値づけられるという文化的実践である。理解というものが、それによって生産される製品や、さまざまな実効ある結果によって、いわば、間接的に価値づけられるという社会は十分ありうるが、理解そのものが、理解そのものとして価値づけられるということは、なかなか考え難いかもしれない。しかし、どのような文化にも、宇宙の成り立ちやものごとの現象を「説明」(たとえ神話によろうと伝説によろうと)しようとする人びとの試みがある。「説明」は単にエピソードであるだけでなく、相互の無矛盾性(エピソード間の整合性)や、さまざまな事象の予測力が問われる。それらの神話・伝承の洗練が、科学を生む重要な背景であったことを否定することはできまい。科学そのものの発展の歴史を見ても、単なる「説明」としてのおもしろさや整合性のみが追求されて、後に、その知識の現実性や現実の場面での応用性が見いだされることが多い――というよりも、ほとんどの科学的知識の歴史がそうであったとさえいえる。このように、理解そのものを作品として評価する文化的実践の存在によって、参加が理解を通したものへと変わる。これが、知的発達というものであろう。

四、文化と「わかり方」の根源

今日の学校教育の中では、「わかる」とか、「わからせる」とかいうことばが、歪みに歪んでおり、ねじまげられ、荒廃しきっている。そのことを、具体的な例をあげて一つ一つ指摘していく前に、私たちは「わかる」という人間の営みが本来何であったかを、ともかくしっかりと位置づけておかねばならない。

「わかる」ということが文化への参加であり、文化的営みであること。それが単に文化遺産の伝承だけでなく、理解という作品の創出によって、新しい文化の創造の原点であること。文化の中の営みでありながら、文化を発展させ、乗り越えさせる原動力であること。「わかる」ということがひとりひとりのものであり、ひとりひとりにとっての大切な作品でありながら、しかもそれが文化の中で、他の人びとによって共感され、共有されるべき、文化としての価値をもっていること。文化への参加を原点にする「わかり方」、また現実に「できる」ものをうらづけていく「わかり方」の必要性。私が訴えたかったことやこれから訴えていきたいことは、まだまだたくさんある。

「わかるとはどういうことか」について、大学生にレポートを書いてもらった。理工系の学生の大部分は、「記憶していたことと現実とが合致すること」とか、「正しい解き方を思い出せること」とか、「推論の正しい規則に従って思考を進めること」というような、記憶主義や手順主義に凝り固まった意見が多かった。

他方、文科系の場合は、きわめて個人的な実感やフィーリングのみが強調され、「ぼくひとりの」、「私だけの」ひそやかな世界のできごととみなしている。現実世界との結びつき、文化とのかかわり意識が全くない。

先日、中学生にも一種のアンケート調査をしてみたところ、彼らのかなりの者が、わかるということを「先生によって」もたらされるものだと考えており、ひとりひとりが自分で考えて達成できるものとはあまり考えていないし、ひとりひとりが自分で考えてみることに対する価値づけが低い傾向が見られた。それよりも、もっとおそろしいことは、彼らが、学校の勉強と「本当の勉強」とは異なるものとして割り切っていることである。学校の勉強は単に「よい学校へ入るための勉強」でしかないとしている。また、かなりの生徒は、もともとそういうことは考えたことがない、とか、考えてもしかたがないと思っているのである。

このような現況を形成しているのは、単に子どもたちだけではなく、親や学校の先生、あるいは産業社会などにおける人びとの考え方であるといわねばならない。

知識というものを、おぼえるべきもの、やらねばならぬ苦役、他人から教示されることに従うことだとする考え方は、学年が進むにつれて深刻に「定着」していくようである。したがって、いよいよ社会に出て、文化の創造と発展に実質的な貢献をなすことのできる年齢に達したときは、人間文化の創造へ参加する意欲も気力も失ってしまっている。

日本人は勤勉で勉強家だという。塾やおけいこの盛んなことは、単に受験体制ばかりとはいえない。単なる推測にすぎないが、時間があったら何か〝勉強〟したいと考える主婦やサラリーマンはけっこう数多いことと思われる。しかし、その場合の〝勉強〟とは、「だれかに教えてもらうこと」であって、自分たちで考えたり探究したりすることではないことが多い。日本人は一生涯を「研修期間」で過ごす。みがきあげ、習練しつづけ、死ぬまで「修業中」なのである。つまり、文化の創造への参加は、いつまでも後まわしにしつづけて生きているのである。「できる」を「わかる」から分離して修業し、教えてもらって生きつづける。

新しい技術革新や社会変動に対する適応力がわが国で高いのは、人がつねに「修業中」であるから、いつでも新しい「勉強」をはじめてくれて、永久に初心者（ノビス）にとどまっているからではないか。

技術は普及する。世の中に取り残されることはない。学力低下が叫ばれている今日でも、わが国の「できる」学力は国際的に上位を保っている。しかし、「わかる」学力はどうか。文化の創造はどうか。考えていただきたい。

2. 「できる」とはどういうことか（一）

一、「わかる」偏重への批判

「わかる」ということが大切だというと、必ずといってよいほど出てくる批判に、「できる」ということのほうがもっと大切だという主張がある。そこで、はじめに、「できる」ということのほうが「わかる」ということよりも大切だと主張する場合の論拠を次のような三つの提言にまとめてみる。すなわち、（一）基礎学力の訓練重視、（二）教授目標の明確化、（三）生きてはたらく学力の重視である。

基礎学力の訓練重視

「わかる」ということが大切だといっても、ものごとを深く広く「わかる」ためには、どうしても必要な基礎技能（basic skills）があり、そういう基礎技能が「できる」ようにならなければ、複雑な教科内容が「わかる」はずがない。たとえば、漢字が読める、漢字が書ける、四則演算がすばやく計算できる、といったような基礎技能は、ともかく練習を重ねてしっかりと身につけておかねばならぬことである。「わかる授業」とか「たのしい授業」ばかりを強調して、そのような基礎技能の訓練を怠ることは、基礎学力の低下をもたらし、高学年になって複雑な内容の教科を習得する際に大きな障害となる。このようなことは、単に漢字や計算の技能にかぎらず、それぞれの教科に即して、「このことができるようにならねばさきへいって大いに困る」基礎技能があるはずだから、そのようなものをとり出して、十分訓練すること、すなわち、それぞれの教科の基礎を身につけさせることが、学校教育の重要な使命であろう。

このような基礎学力を軽視した授業を進めるから、「落ちこぼれ」ができる。小学校四年生レベルの計算力しかない高校生や、ひらがなばかりの文を書く中学生が出てくる。これらの「落ちこぼれ」は、授業についていけないため、非行に走り、校内・校外の暴力事件を引き起こす。基礎的なことをしっかり「できる」ようにすることこそ、今日の教育問題を解決する最良の方策であり、これを軽視してきたことが、今日社会問題化している非行問題の最大の原因ともいえる。

教授目標の明確化

子どもが何かについて「わかる」といっても、子どもが本当に「わかった」か否かは、結局のところ、何らかの行為が「できる」か否かで判定し評価するしかない。子どもが何をどこまで習得すべきかの目標を明確にするためには、子どもがどういうことが「できる」ようになるべきかを明らかにすることである。「わかることが大切だ」といくら主張しても、子どもがどうなれば「わかる」状態に達したことになるのかが明らかでないかぎり、単なるお題目を述べているにすぎない。子どもが授業に対する感想文に、「とてもおもしろいでした」とか、「大変よくわかりました」とか、「とても感動しました」とか書いてくれても、そのような感想だけでは単なるムード（気分）にすぎないかもしれないではないか。本当にどういうことが「できる」ようになったのかを明らかにし、そこをしっかりと確認しなければ、よい授業か否かの評価はできない。

授業の教授目標を「子どもをどういうことについてどこまでできるようにすることか」という形で明確にすることは、授業活動を計画的で体系だったものにするために大変役に立つ。どの段階の子どもはどのように指導し、どのような補習をさせるべきか、どのような教授技法を適用すべきかが明確に計画できる。そのように、授業を子どもにあわせて設計し、計画し、実践し、その結果を評価し、その評価にもとづいて新たに計画し……というサイクルで、授業活動をより効果的にしていくことこそ、教師の役割であり任務である。これを怠って、いたずらに、「理解を深める」とか、「探究心を高める」とかをねらって、一見おもしろそうな教材でおもしろそうな授業を演じているのは、教師の自己満足にしかすぎない。

子どもは教師の意気込みにつられて感動したり納得したりしているかのように見えても、確かな知識、確かな技能が身についていないため、結局はその場かぎりのもので何も残らない。

そういう「感動重視」の授業を排し、確実に何らかの技能を身につけさせることこそ、授業活動の本来の姿である。この授業で、子どもがどういうことについて「できる」ようになったか。これを最大の関心事として授業を実践することが、本当の「よい授業」というものである。

生きてはたらく学力の重視

知識というものは、頭の中でわかっていても、それが現実場面で生かされなければ、真に「身についている」とはいえない。ここで、「現実場面で生かす」というのは、現実の世界で遭遇する諸問題を適切に解決することが「できる」ということである。「わかる」とか「納得する」とかいっても、いざというときに、正しい行為が「できる」のでなければ、それは本当に「わかった」とか「納得した」といえないのではないか。

たとえば道徳教育を考えてみよ。「人に親切にすることは大切である」ということが「わかって」いるといっても、現実に、電車の中で老人に席をゆずったり、困っている人を助けたりすることが「できる」ようにならなければ何にもならないだろう。

さらに、音楽、美術、体育などの授業を考えてみよ。いくら理屈をこねまわしても、実際に歌を美しく歌うことや、絵を上手に描くことや跳び箱をみごとに跳ぶことができなければ、それらを教えたとはいえない。他の教科でも同様のことがいえる。机の上のテストがいくらできても、また、授業中いくら活発に発言できても、それらの知識を現実の実践場面で活用できなければ、やはり教育は失敗であるといわねばならない。

このように、教育の目標は、現実生活の中で自分に身についた知識を活用できるように子どもを育てることであり、真の「実力」を身につけさせることである。つまり、本当に「できる」力、真の「生きてはたらく」学力を身につけさせることこそ、教育者の使命であると考えられる。

二、「できる」ことと「できるようにする」こと

先にあげた三つの提言はそれぞれが大変もっともらしく聞こえる。しかし、よくよく考えてみると、どこか途中で議論がすりかえられてしまったような気がしないだろうか。

議論の展開構造を分析するために、いま、次の二つの命題について考えてみよう。

命題Ａ：「Ｘができる」ことはのぞましい。

命題Ｂ：「Ｘができるようにする」ことはのぞましい。

さて、この二つの命題（ＡとＢ）は一見するとあたかも同一であるかのように見える。少なくとも、「ＡならばＢ」という推論は、論理的に真であるかのように見受けられる。

しかるに、いま、次のような命題が真であるとしよう。

命題C：「Xができる」ことはのぞましいが、これと独立に「Yができない」ことはのぞましくない。

命題D：「Xができるようにする」ならば「Yができない」ことになる。

もしも、命題CとDが真であるならば、さきの命題Aは真であるが命題Bは偽となる。故に、命題Aは命題Bを含意しえない。（「AならばB」は偽である。）

次に、命題A、Bの内容を分析してみる。

「Xができるようにする」とはどういうことか。「Xができる」というのは、いいかえると、「子どもがXを適切に正しく実行できる」ということである。Xを実行する主体はつねに子どもである。

「……ようにする」という場合の主体はだれか。これは、「……」を実現せしめる可能性を最大ならしめる行為（または行為系列）を実施する人である。「子どもがXを適切に正しく実行できるようにする」主体は教師である。

したがって、命題Aにおいて「のぞましい」のは、子どものもつ性向（disposition）についてである。命題Bにおいて「のぞましい」のは、教師のとる行為（action）についてである。このことからも、命題Aと命題Bとは同一ではない。

さらに、命題Bにおいて、（教師が）「（子どもが）Xができるように」するということが、「Xができる」ということを直接の目的として目ざす行為を教師が実行することを意味するとはかぎらない。もちろん、「子どもがXを実行できる」という事態の原因系のすべてを教師が支配しているならば、教師が直接の目的として「子どもがXを実行できる」ことを目ざすことが、それを最大限に可能ならしめることになる。

しかし、もしも、「子どもがXを実行できる」ということが教師の完全なる支配の下にコントロールできることではない場合には、直接の目的としてそれを目ざすことが、そのことを最大限に可能ならしめることになるとはかぎらない。さらに、そのことを「間接的に目ざす」ことしかできない場合には、ある段階で何らかの「別のこと」を直接に目ざすことによってのみそれを「間接的に実現する」ことができるかもしれない。

以上の論点を次の例でまとめておく。

命題A′：「りんごが赤い」ことはのぞましい。

命題B′：「りんごが赤い」ようにすることはのぞましい。

命題A′と命題B′とは同一ではない。すなわち「命題A′が正しいなら命題B′：が正しく、かつ命題B′が正しいなら命題A′が正しい」という主張は正当化されえない。なぜなら、「赤いりんご」をつくるために、見かけ上は全く区別のつかないほどみごとに、りんごの表面にもっとものぞましい赤色をぬりつけたとしたらどうだろう。そのようなりんごではりんごを観賞するだけの人には大いにのぞましい。しかし、そのときの絵の具は毒性をもっていて、りんごを食べる人には「のぞましくない」としたらどうだろう。もしもそのようなことがありうるならば、命題A´は命題B´：を含意しえない。

さらに、「りんごが赤い」の代わりに、「りんごが自然に赤くなる」という文にしたらどうだろう。このときは、「自然に赤くなるようにする」という行為が何を意味するのか考えてみなければならない。「りんごが自然に赤くなる」ことを直接の目的としてそれ自体を目ざすことはもはやできない。

また、間接的に目ざす（たとえば日光がよく当たるようにする）ことができたとしても、それをどのような時点でどのようにとり入れるかは、必ずしも当初からねらってできるものではない。たとえば、りんごに「袋をかぶせる」ことは日光をさえぎることである。最終的には「りんごが赤くなる」ことはのぞましいが、それはある段階で実現する場合にのみのぞましいのであり、むしろ、別の段階では別のこと（りんごに袋をかぶせること）を目的とすることが一時的にはかえってのぞましいかもしれない。

基礎学力重視説の問題

読・書・算ができることはのぞましい。しかし、そのことは直ちに「読・書・算ができるようにする」ことを目ざす一切の教育活動を無条件で正当化するものではない。読・書・算ができるように、といったとき、ただ単に漢字の書き取り練習や計算練習をひたすら課していくのがよいと考えるならば、それはむしろ有害だとさえいえる。漢字の読み書き能力がついても日常の読書はマンガ程度というのでは話にもならない。漢字の読み書き能力に応じた読書指導、作文指導の対応が必要であり、むしろそれらと一体となった形で漢字指導が行われるべきであろう。また、計算力についても計算力が身につくに応じて、日常生活の中の計算（料理の献立や栄養価の算出、あるいは学級会費の予算、決算等）を実際に手がけたり、新聞記事の中から関心のある数字（たとえば選挙の議席数などでもよい）をさがし出させていろいろな演算の意味を考えさせる等の意義づけ活動が大切であろう。

いわゆる「基礎学力」というものを「抽出」して練習させるということは、知識の文脈性（文化的意義）に対する注意をうばう副作用をもつ。そして、この副作用は根強く残り、他の教材の学習態度にも転移して、「勉強」というものはつねに意味のない練習で成り立つものだという誤った考え方に陥らせてしまう。これこそ、第一節で述べた人びとの文化的活動に対しての、壊滅的な副作用である。

ものごとには「基礎的」と呼ばれる事項があることは認める。しかし、そのような事項が「基礎的」であるのは、それが活用されている文化的実践の文脈においてであり、事項そのものが独立に「基礎的」なのではない。基礎的であるという事態の認識は、そうならしめている文化的実践の文脈と結びつけて子どもに教えるべきであり、単なる「項目」を抽出して教えるべきではない。「どうして基礎的なのかが一目でわかる事態」を示しながら、基礎事項を教えることが本当の「基礎の教育」である。しかし、そのような「基礎の教育」においては、「基礎的技能ができる」ということと、「それが基礎的であることがわかる」こととは一体となっているはずのものであり、「わかる」教育とは分離あるいは対立したものではない。

目標明確化説の問題

教育目標が明確であることはのぞましい。しかし、そのことから、教育目標の一切を子どもが示す行動のリストで明確に表現しようとする教師の試みが、無条件で正当化できるわけではない。子どもがどういうことについて「できる」べきかをひとたびリスト・アップすると、そのことだけを目ざす活動が教師にも子どもにも生まれる。

文化的意義の明らかな文脈で「できるようになる」ということと、一切の文脈を切り離した世界で「できることを目ざす」こととの混同がはじまる。できることを目ざす活動には、「赤いりんご」を得るために、りんごに赤いペンキをぬることに似た過ちを犯さない保証がない。

たしかに、いたずらに「感動」を重視したり、単なるお題目として「理解」や「探究心」を強調しながら、教師が独善的な授業をしているようなことがあれば、それは批判されるべきである。

ところが、「○○ができる」、次に「△△ができる」というように授業が進められていくとき、何かがどんどん失われていく。それは、私たちが一度わかったことをさまざまな文脈の中にはめ込んでみて、もう一度迷い直し、そしてわかり直したり、やはりそうだったのかと納得し直したりする、自由で、気ままで、それでいて充実した吟味活動である。たとえ、あることが「できる」といっても、問題状況が変わっても「できる」のか。新しい問題状況でも本質的に同じ課題ならば「できる」とき、本当に「できる」といってよい。

それでは、それらの新しい問題状況をすべてリスト・アップして、それらがすべてできるように指導したらどうだろうか。

この論法の難点は次の二つである。

第一は、そのような「問題状況」はほとんど無数といってよいほどあること。

第二は、「新しい」問題状況の「新しい」という意味は、それが直接「目ざされた」ものでないということを意味しているのであり、それらを直接の目標と定めることは「新しさ」の否定になる、ということである。つまり、新しい問題状況でも「できる」ためには、問題状況の意味や含まれる概念が「わかる」必要がある。

「わかる」を徹底的に経由して本当に「できる」ときこそ、「できる」のではないだろうか。「わかる」という心的状態は、何らかの固定した評価尺度で測定できるものではない。なぜなら、測定されることは「できたか否か」であり、それがいかなる「新しい」状況でもできる――つまり、本当に「わかっている」心的状態のあらわれなのか、それとも、促成栽培的に「できるように」された結果なのかの識別が、もともと不可能だからである。

しかし、すぐれた教師は、子どもが与えられた課題にたとえ正答しているときでも、「わかっていない」ことはよくわかる。そのようなとき、「よくわかる」ように働きかけ、呼びかけ、自らも「わからない子ども」になってみて、考え直してみることは、おそらく本当に「できる」子どもを増やす結果になろうと想像される。それを当初から「できる」、「できない」のみに目をうばわれて指導していたのでは、「赤いりんご」をつくるために赤ペンキをぬったり、「日光を当てる」ことばかりに目をうばわれて、袋をかぶせて十分な大きさになるのを待つことのできない人に似ている。

「生きてはたらく学力」説の問題

「本当にできる」ということは、現実生活で知識や技能を生かし、発揮することだという考え方は、文字通り、文句のつけようのないことである。しかし、これはもう「のぞましい人間像」を心に描き出して、そういう「理想的人間」はどんなことが「できる」かを空想しているにすぎない。どのようにしてそうなるのか、どのような「できることを目ざす」教授活動によってもたらされるのかは全く不明であり、また、それが「わかる」ということと対立するものか否かも不明である。

とりわけ私たちは「わかる」ということを単に「ことばでわかる」ということに限定しない

で実感として「なるほど」と納得することだと考えるので、そのことが本当に「できる」ことと対立するとは思えない。

のぞましい人間はかくかくしかじかのことができる。それでは、その「かくかくしかじかのことができる」ように、それを目ざして教授活動を行えば、そのような人間が必ず育成できるのか。そこには大きなギャップがあり、そのギャップをうめる手だても示されないで、「できる」ということが大切だとされても、何ら積極的な示唆は引き出せない。

三、「できるようにする」か「わかるようにする」か

人はいろいろなことについて「できる」のがのぞましい。このことは当たり前のことである。しかし、だからといって、「できるようにする」という教授活動が、すべて、適切で正しいとはかぎらない。とりわけ、「できるようにする」という目標の下に教授活動を体系的、段階的に結集させてしまうと、「できた」→「ハイ、つぎ!」という短絡化が行われる。そこでは、「できる」ことの文化的意義が失われ、「できる」の背後にあるべき「わかる」の豊かな世界を見失わせる危険がある。

すなわち、ここでまず、区別すべきことは、「できる」（あるいは「できるようになる」）ということと、「できるようにする」ということとのちがいである。

さらに、「できるようにする」といっても、それは「できる」ことを長期的に目ざす、ということと、直接的に「できる」人間を促成しようとすることとは異なる。

ここまで分析したところであらためて問うてみよう。「できる」ということと「わかる」ということとはそもそも対立することなのだろうか。「できる」ということは、イギリスの哲学者G・ライルのいうKnowing Howであり、そこには有効性、機能性、効果性などが問題とされる。いかに「うまく」できるか、ということである。それに対し、「わかる」ということは、真実性が保証されることやそのことを信じていること、信じるに足りる十分な根拠を有すること、などを含む。「さもありなん」「やっぱりそうか」「どう考えてもそうとしか考えられない」といったことばで表現される現象が「わかる」ことである。知識の「よさ」の認識、かくあるのは、かくあるべくしてあるという必然性の認識がある。そこには、明らかに、文化としての知識の取り込みが深いレベルで達成され、他人と共有されている。

ところで、人はどのようにして「できるようになる」のか。あるいは「わかるようになる」のか。そのプロセスを解明しなければ、「できるようにする」という教授活動がどういうものであるべきかがわからないであろう。この問題は次節で扱うことにする。

3.

「できる」とはどういうことか（二）

一、知的性向として「できる」

図　1

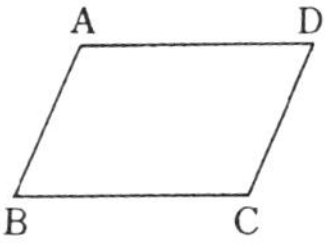

問題　1
四辺形ＡＢＣＤにおいて、
AB∥DC、AD∥BC
のとき、
∠Ａ＝∠Ｃ
となることを証明せよ。

上のような証明問題を考えてみよう。

いま、Ａという名の少年が、テストでこの証明問題に対して、正答したとしよう。その場合、Ａ君は、幾何の証明問題に対して、何らかの「基礎学力」がある、といってよいだろうか。

通常は「イエス」と答えられようが、特殊な場合は「ノー」である。「ノー」と答えざるをえないのは、たとえば、その少年Ａが、たまたま、この証明問題とその正解とを、何の意味もわからずに丸暗記していた場合である。

それでは、そういう「特殊な場合」を排除するべく、類似した別の問題、たとえば、問題1における「∠A＝∠C」の代わりに「AB＝CD」として証明させたらどうだろうか。

それでも、ごく特殊な場合として、その少年がそのような問題も、以前にやったことがあって、それを丸暗記していたから正答できたとする。その場合もやはり、この問題が「できた」ことは、その少年の「学力」に対する何らの診断力ももたない。

ひとりの子どもが、心的状態として（厳密にいえば、「性向 disposition」として）「できる」ということは、「わかっている」ということを前提としているものであり、そのような「わかっていて、できる」ということは、論理的には、何らかの与えられたテスト問題に対して「できた」ということで置きかえることはできない。

また、子どもを「できるようにする」ということを直接の目標とした場合、それは、たとえば「丸暗記をさせて」できるようにする、というケースを含み得る。そして、そういう「特殊な」ケースを含む以上、何らかの外的基準に照らして「できるようにする」ことと、（知的性向として）「できるようになる」ということとは同一視できない。

ところで、今日、わが国の小・中学校の「算数・数学の学力」は、国際比較でトップ・クラスだという。そういう話を耳にして、「それは大いに結構なことだ」と大喜びする気になれない何かがある。そういうデータは、本当の学力を測っているのだろうか？　まさか、私が右で述べたような、「特殊なケース」が重なった結果だと断定するのはいい過ぎだろうが、それに近いケースだと思われる。つまり、本来、教育的観点から見て、のぞましいといえる「できる」ということのあらわれではなく、むしろ、教育的にはのぞましくないことのあらわれとして「できた」ということではないだろうか。

こういう懸念は、とても大切な懸念だと思う。もしかすると、海外の教育学者や心理学者はいまだそのことの重大さに気づいていないかもしれない。しかし、今日のわが国の現状からみて、どうしても解明しなければならない重大な懸念であり、海外の他の国の教育においても、遅かれ早かれ、生じてくると思われる懸念である。わが国の教育学者や心理学者が、この問題を正面からとりあげて論じることは、わが国の教育にとって急務であるばかりでなく、世界じゅうのこれからの教育のあり方をきめる上でも、重大な責任のあることと考える。

二、発見法によって「できる」

さてそこで、「知的性向として、できる」（いいかえると、「わかっていて、できる」）ということの正体にさぐりを入れてみよう。

いま、A君は、さきの問題1やそれに似た数多くの問題をやりながら、しだいに、同種の問題解決に習熟していき、次のような「考え方」（厳密にいえば、発見法heuristics）を身につけたとしよう。つまり、

発見法1

平行四辺形に関する証明問題が、もしも、平行四辺形の角や辺のうちのどこかとどこかが等しいことを証明せよ、という形のものであるならば、対角線を結んで二つの三角形をつくり、　その三角形が合同であることを証明してから導け。

こういう発見法を知っているということは、少なくとも、丸暗記によって証明する場合よりは、「わかっていて、できる」に近いだろう。少なくとも、かなり多くの新しい問題が、この発見法を適用して解けるであろうから、一応、「学力がある」とか、「A君はできる」と診断しても、それほど見当ちがいではないように見受けられる。

しかし、それでよいのだろうか。

再び、次のような「特殊なケース」を想定してみよう。

A君は、問題1やそれに類する二、三の証明問題を解くうちに、発見法1に気づいた。それで、幾何の証明問題を与えられたとき、問題文の中で、「平行四辺形ABCDにおいて（または、四辺形ABCDにおいてAB／／DC　AD／／BCのとき）」という節があり、「○＝○を証明せよ」という結びの文句があったときは、やみくもに、発見法1を適用していくクセを身につけた。その結果、その少年は、平行四辺形に関する同種の証明問題には、きわめて習熟し、すばやく証明できるようになった。

このような場合、A君は、幾何の証明問題が「わかっていて、できる」ようになっているといえるだろうか。

今日までの認知心理学における「問題解決過程」の研究のほとんどは、こういうA君のようになることが、エキスパート化することだと考えてきた。「方略」が獲得され、課題のカテゴリー化ができるようになり、それぞれのカテゴリーに応じて、コンパイルされて手順化した知識がすばやく適用できるようになっている状態が、「できる」という状態である、としてきたのである。心的状態（知的性向）は、そういう「背後にある発見的方略」の獲得とみなし、基本的には一種のルール（厳密にいえば、プロダクション・ルール production rules）の形成こそが、「わかっている」ことの正体だとしてきたのである。

こういう考え方は、たしかに、「丸暗記でできるようになる」ことを排除することができる点では、たしかに、「わかっていて、できる」に一歩近づいていることは認められよう。しかし、あえていおう。こういう「わかり方」の心理学的説明では、前節で述べた、私たちの懸念、つまり、受験勉強で促成栽培的に「できるようにされた」状態ではないか、という懸念は、全く解消されていない。

三、タクティクとストラテジー

アメリカの認知心理学者アラン・ショーエンフェルドは、問題解決過程において、「タクティク tactic」と「ストラテジー strategy」とを分けている。

タクティクというのは、さきにあげた発見法のようなもので、さまざまな種類の問題に応じて、「どうやれば解けるか」に関して個別的に適用されるもので、長期記憶の中に蓄積されている「知識」である。「こういう問題のときは、まず、こういうことをやってみよ。しかるのちに、もしも……ならば……」というように記述できる性質の知識といってよい。

ところで、ストラテジーというものは、タクティクを選択し、なりゆきを監視するはたらきを指す。つまり、「こんなことやってもダメじゃないか」とか、「あの手をつかえば見通しが立つかもしれない」という判断を生み出したり、「この推論は本当に正しいか、自信がない」とか、「ここまでは絶対に正しいことを保証できる」という状況判断の下に、適切なタクティクをさがし出すことである。

前項で、問題解決における「発見法」を明確にすれば、「わかっていて、できる」ということの解明になるという考え方に、若干の不満が残ることを示したが、それは、いわゆる「発見法」なるものがタクティクであること、つまり、セコい戦術にすぎないことによる、といえなくもない。

もしも、人がタクティクだけでなく、適切なストラテジーを身につけているならば、別種の問題に対して、めくらめっぽう発見法1を適用させずに、「おや？　この問題はいつもと様子がちがう。あの手（発見法1）をつかうよりも、はじめからじっくり考え直して、どういうことになっているか整理してから取り組もう」ということになるだろう。あるいは、「ともかく、すぐにわかりそうなことから取り組んでみよう」と考えるかもしれない。

このように、さまざまなタクティクを選んだり、問題解決の方針を決定するのがストラテジーというわけだが、このようなストラテジーをつきつめていくと、いわゆる「数学的センス」と呼ばれているものに近づいていく。

たとえば、「いくつかの複雑な関係は、できるかぎりまとめて、単純な関係から導出せよ」とか、「対称的関係構造をつくり出せ」とかいうような、一種の「美的センス」に近いものもある。

しかし、このような「数学的センス」としかいいようのないストラテジーは、それを一般的で抽象的なルールとして表現してしまうと、いかにも、味もそっけもないものになってしまう。また、そういうストラテジーを、単に「ことば」として頭の中に入れておけば、いつでもどこでも使えるのかといえば、それはムリだと誰しもいうだろう。また、実際に数学のよくできる人が数学の問題を解くときに、そのようなストラテジーをいちいち意識化した上で解いているとは思われない。

スタンフォード大学のG・ポリアの有名な『いかにして問題を解くか』(柿内賢信訳　丸善)には、実にエレガントな数学的センスの結晶ともいえるストラテジーが数多く列挙されているが、どれもこれもが、「いわれてみれば、なるほどと思われるもの」ばかりである。つまり、数学のできる人の内観報告としては興味深いが、あのようなストラテジーを丸暗記したからといって、どんな問題でもスラスラ解けるようになるわけではあるまい。

このように、数学ができる人や、幾何の証明の得意な人がもっている問題解決能力の正体をつきとめようとして、「解き方」の背後にある発見法(タクティク)、さらに、そのまた背後にある方略(ストラテジー)へと分析を進めていっても、それらがみな、一種の「ルール」である限り、結局はルールをおぼえて(丸暗記して)いるのが勝ちだ、ということになってしまう。しかし、それはどうしてもおかしい。本当のエキスパートは、どこかしら、「数多くのパターンを定石としておぼえている」ということ以上のものをもっているはずである。そのような「定石をおぼえている」以上のこととは、一体どういうことなのだろうか。

四、文化的実践として「できる」

ほんとうに「数学ができる」とはどういうことかを明らかにするために、逆に、数学が(ここでは特に幾何が)どうしても「好きになれない」、「わからない」、「やる気が起こらない」という子どもの心情を分析してみたらどうだろうか。

「幾何はきらいだ」とか「幾何はよくわからない」という子どもたちの「きらい」、「わからない」ということの内容として、次のようなものがあるのではないか。

幾何というのはどうもワケがわからない。どうして「見ればわかる」ことや、「実際に測ってみればわかる」ことを、いちいち証明しなければならないのかがわからない。合同とか何とかということを調べたかったら、ハサミで切りぬいて重ねればいいじゃないか。辺の長さが等しくなるかどうかだって、モノサシで測定すればいいじゃないか。少し心配なら、似たような図形をいろいろ描いて、測り直してみればよい。第一、どことどこが等しいとか、どうとかということが、何で問題なのか。そんなことがわかって何がおもしろいのだ。何の役に立つというのか。それに、結局のところ、ナントカの定理とか、ナントカ条件とかを山ほど暗記してなければできないことばかりで、他の教科と比べても、暗記しなければならないことがものすごく多い。さらに、他の教科で「おぼえるべきこと」というものは、比較的コンパクトにまとまった公式や法則であり、おぼえやすくできているのに対し、幾何で「定理」と呼ばれているものは、「四辺形ABCDにおいて……とせよ。次に、もし……な場合に、……に線分……とせよ。さらに……のときには、……と……が等しくなる」といったように長ったらしい文である。

しかも、その証明にあたって、利用してよい公理や下位定理もぶらさがっていて、この定理のときはどの公理とどの定理はつかってよいが、別の定理はつかってはいけないなどのウルサイ制約がついている。そんなものを次々とおぼえるというのは難行苦行以外の何ものでもないじゃないか。

それだけじゃない。現在、実社会で活躍している人たちに、「ピタゴラスの定理を証明してください」といってみるがよい。いかに現首相がシャープな人だといっても、スラスラとピタゴラスの定理の証明をしてみせられるとは思えないじゃないですか……。

このような疑問に答えようとするならば、私たちはどうしても、「知識と文化」について語らないわけにはいくまい。

つまり、今日、学校で教えられている幾何学は、実は、ユークリッドやピタゴラスが活躍していたギリシャ時代の文化の産物だということである。そこでは、直接に実測して調べることよりも、抽象化された「論理的関係」だけでものごとを論じることが高く評価されていた。また、相手の論理的な欠陥を指摘して論破することが、オリンピック競技に勝つのと同じように、「知的に強い人」とされており、他人の推論のミスをさがし出すことに心をくばり、また、他人から文句をつけられぬように推論することが至上とされた、ということである。

近代の科学文明は、そういうギリシャ時代の文化の遺産をひきついで、その上で発展してきている、ということは、近代のガリレオやニュートンの物理学をみても、そこにはユークリッド幾何学を背景とした理論づくりがいろいろあることからもわかる。ものごとをきちんと論じる。穴のないように論じる。見ればわかることでも一応疑ってかかって、本当にそういえるかどうかをじっくりとたどる。

そういうことが、文化的実践として、今日も生きている、といえよう。

「私のうちは八百屋で、私もおやじの跡を継ぐことになっている。八百屋の仕事には幾何の定理証明など何の役にも立たない。そういう私がどうして幾何などを学ぶ必要があるのか？」

このような問いに対しては、どう答えたらよいのだろうか。ホンネをいってしまえば、「まさにその通りだ。キミが幾何を学習する必要性など全くないよ。そんなことよりも、そろばんや暗算の達人になる方がはるかに役に立つよ」といってあげたい。しかし、心のどこかには、そういう八百屋の息子でも、「幾何が大好きだ」といってくれたほうが、何となく、もっと素敵だろうなという気も残る。なぜか。

それは、幾何の定理証明というのは、文化遺産であるから。ただし、それは、言語や習慣のような、万人に伝承されるべき遺産ではなく、できるだけ多くの人びとに賞味（appreciate）されるべき文化遺産なのである。私たち人類は、そのような論証のみごとさを、それ自体で美しいとし、大切だとして、文明を育ててきた。美しい絵画や美しい音楽と同じである。「証明」という一つの作品のみごとさ、うまくできていることのおどろき、なるほどと思わせる説得性を鑑賞すべきものとしてきたのである。したがって、そういう作品を、やはり賞味し、鑑賞し、さらに自分なりにもつくってみることができる楽しみを味わうことが、文化的実践に参加することになるのである。

幾何の定理証明を教える、ということは、本来、このような、「証明という作品の賞味」を目ざさねばならない。

私たちが先に、証明のスキル、その背後のタクティクやストラテジーにまで言及しつつも、それらの「やり方」を暗記させてできるようにしてしまうことに対し、どこかしら、一種の抵抗を感じていたのは、そのようにして「できるようにする」ことが、幾何の定理証明という文化遺産としてのスキルを、賞味・鑑賞すること、「すばらしいな」と実感することを失わせていくのではないか、という懸念があったからではないだろうか。

このような、文化遺産の賞味としての、幾何の学習の意義を理解するためには、幾何の問題を次々と解かせることは、かえって有害だとさえいえよう。論証のおもしろさ、当たり前のことを疑ってかかることの楽しさ、見ればわかるということでも、「ホントかな?」と一応考え直してみることができるし、あらためて「ナットク!」という実感を得ることができることのよろこび。すぐれた証明、みごとな証明を「作品」として鑑賞する実践、……そういう文化的実践の中に、具体的な定理を自分で証明してみる、という実践も埋め込むことができるだろうし、そういう活動を通して、幾何の定理証明がスラスラできる人になれば、それこそ本当に「できる人」なのではないだろうか。

4.「考える」とはどういうことか

一、小六の問題が小二でもできた

おやつをかいにいきました。
あめだまを　5つかうと　まだ20円の
こっていました。
そこで、あめだまを　ぜんぶで7つか
うことにしました。
すると4円しかのこりません。
あめだまは1こいくらですか。

上記の問題を考えていただきたい。

このような問題は、小学校六年生でも正答率が一割程度という「むずかしい問題」である。

こういう「ひねくれた問題」は、本来、方程式で解くほうがよいから、小学校の算数問題としてはふさわしくないという考えもあろう。実際、現在では六年生の「いろいろな問題」という単元の中から除かれているという。ところが、この問題を、小学校二年生を対象にして、83%の正答率を得ている。「2個で16円だ」というところまでわかった子どもを含めると、94%になる。(ちなみに、小学校二年生の段階では、まだ「割り算」を習っていない。)

この研究は、昭和五十七年度東京大学教育学部の派遣研究生として研修(指導教官・佐伯胖)された(当時)横浜市立公田小学校の長坂敏彦氏の実践研究であり、ここでは、氏の研究の背景となった考え方を中心に解説し、私なりの考えを申し述べたい。実際に長坂氏の行った授業は、まるで「コロンブスの卵」のような話である。タネを明かされれば、なあんだ、そういう指導をやればだれだってできるようになる、と思われるような話である。要するに、三つの段階に分けて考えさせていくにすぎない。

第一段階:問題文を読んで解かせる。

第二段階:買う人になって考えさせる。(教師が説明して、子どもたちに「キミならどうする?」と問う。)

第三段階:売る人になって考えさせる。(売る人と買う人に分かれ、お店屋さんごっこをする。)

実際には、第一段階で正答できた子どもがひとりいた。第二段階で正答できた子どもは35人中9人いた。第三段階では、新たに19名が正答できるようになった。さらにおどろくべきことには、「最初にあったお金は60円だ」という、与えられた問題の中では、とくに要求もしていないことについて「自然にわかった」子どもが6名もいたのである。

さて、以下において、このような実践を試みるに至った考え方がどういうものか、この実践から何を読みとることができるかについて考えていくことにしよう。

二、「正しく考える」とは

私たちが教室で教えることは、子どもに正しく考えさせることだといってよいだろう。ものごとを正しく考えるか、誤って考えるか、いずれがよいかといわれれば、正しく考えるほうがよいにきまっている。学校というところは、そういう「正しい考え方」を教えるところであるといっても、別段、まちがいはなさそうに思えるのである。

では、「正しい考え方」とは何だろうか。そう問われれば、次のように答えるのがよさそうに思える。「正しい考え方」とは、論理的で、すじが通っていて、一般性が高く、ムダがなく、目的にかなっていて、正しい前提、正しい制約条件にもとづいた考え方である、と。さらにこう考える人も多いだろう。「正しい考え方」というのは、目的や制約条件が同じならば、普遍的に、「正しい」はずのものであり、多くの場合、専門家たちによってきちんと定式化され、形式化されたものである、と。ひとたび、そのように「定式化」され、「形式化」された考え方のすじみちを獲得したならば、その子どもは、さまざまな現実問題を解決していく際に、その知識を利用し、あてはめて、正しく解決していくにちがいない。

また、「正しい考え方」を教えられていない段階の子どもに、そのような考え方を要する課題を与えるのはよくない。なぜなら、「正しい考え方」を身につけていない子どもにそのような課題を与えても、第一に、できるはずがないし、第二に、「まちがった考え方」を勝手に身につけてしまう危険性があるから。カリキュラムは、その年代ごとにふさわしい「正しい考え方」の順序や段階を示すものであり、「子どもの発達段階に合わせて」きめられたものであること。発達段階というのは、どのような「正しい考え方」はどの年齢の子どもには習得可能か、あるいは、すでに獲得されているかを示すものであり、その順序性はふつう一般的である。

ごく最近に至るまで、右のような考え方には、一点の疑問も呈されることなく、広く信じられてきた。

右の考え方では、学校教育の重要性、発達段階の重要性が、みごとに整合的に位置づけられており、教師は、指導要領に示される「その段階で教えるべき正しい考え方」を、いろいろな例題や演習問題によって、子どもたちに教え、身につけさせていくということにその役割や使命があると考えられていた。

しかし、右のような考え方には、大きな、きわめて大きな、落とし穴がある。

三、思考の領域固有性

一九四八年に発表されたソヴィエトのイストミナの研究は、近年になって、認知心理学者たちによってあらためて高く評価され、いろいろな新しい解釈や意義づけがなされている。

イストミナは、三歳から六歳までの子どもの、随意記憶（ものごとを「おぼえよう」としておぼえること）の発達に関心をもっていた。小さい子どもというのは、「これこれのことは大切だから、よくおぼえておいてください」などといっても、あまり効果はない。それは、自分でどうやればおぼえられるのかについての「正しいおぼえ方」を知らないからである（とされていた）。たとえば、子どもにいくつかの品物のリストを与えて（ゆっくり読み上げて）、それを暗記せよといっても、頭の中でリハーサルすることや、イメージをつくったり、項目をまとめたりする「方略」を知らないから、せいぜい一つか二つの項目しかおぼえられない。それに対し、私たち大人は、いろいろな暗記術を知っているので、かなり長いリストでも、何とかおぼえ込むことができる。

ところが、イストミナは、子どもにまず「幼稚園ごっこ」をやらせ、そのあと、「お店屋さんごっこ」に移行し、その中で、買ってくる品物のリストをおぼえさせた。そうすると、子どもは自発的にリハーサル（頭の中でくりかえし暗唱すること）をしたり、声を出しておぼえようと努め、結果的には二倍近い項目数の記憶に成功したというのである。

このイストミナの研究が、最近に至って注目されてきたのは二つの研究の流れによる。第一の流れは、「メタ認知」と呼ばれる現象の研究の流れであり、もう一つの流れは、「文化と思考」に関する研究の流れである。

メタ認知研究の流れ

メタ認知の研究というのは、次のようなものである。すなわち、一般に、幼児や学業不振の児童の場合、何らかの単語リストを与えて、全部おぼえるまで勉強しなさいというと、しばらくして、「もういいよ」というだろう。そこでテストしてみると全滅に近いのである。この場合、そのような子どもは、自分がどれだけおぼえているかという、自らの認知状態に対する認知、すなわち、**メタ認知**がない、というわけである。

それに対し、発達段階の進んだ子どもの場合には、「もういいよ」といったときは本当におぼえているし、「まだまだ」といっているときは、本当にまだおぼえきれていない。要するに、子どもは「自分がおぼえたかどうか」をモニターできるようになる。つまり、メタ認知ができるようになるのが発達の重要な指標だというのである。

同じようなことが、単語リストにかぎらず、課題解決や文章理解についてもあてはまる。自分が正しく「わかっているか否か」が自覚できるようになれば、大いに成長したことになるが、それが全くわからず、自己反省も自己評価もできない場合は、成績も悪いし知能も低いというしだいである。

イストミナの研究は、メタ認知研究の流れからみると次のようになる。すなわち、子どもが「状況」によっては、「これこれはおぼえるべきだ」、「おぼえておくにはこうしなければならない」、「忘れそうだ」、「こうすれば忘れないでいられる」などの、自らの記憶の状態をモニターし、意識的コントロールをしていることを示している。通常のテスト場面では、幼児がこのようなメタ認知を示すことはほとんどないが、「買い物ごっこ」の状況の中で、自然にメタ認知がはたらいていることがわかるのである。

文化と思考の研究の流れ

もう一つは、文化と思考のかかわりに関する研究の流れである。

つまり、私たちが「頭がいい」ということの基準と考えていたことは、西欧の白人の、しかも学歴中心型の社会の中で上手に生き延びることの知恵を重視したものであり、文化の異なる社会における実生活の上での「上手に生き延びる知恵」としての頭のよさとは異なる、ということである。これは、「知能」という概念の文化的相対化である。

要するに、「知能が低い」ということは、特定の文化の中で重視される適応力がたまたま低いということであり、適切な文化、適切な「状況」の中では、もしかすると、すばらしい知恵と技能を発揮するかもしれない、ということである。しかも、よくよく考えてみると、「学校」という特殊社会の、「学歴中心」主義の文化というのは、どうも「人工」的であり、人間の自然な活動の延長ではないような側面がある。そういう奇妙な文化の中での適応力を、本当の「知力」とみなすのはおかしいのではないか……。

イストミナの研究が文化と思考の研究の流れからみても興味深いのは、子どもが「買い物ごっこ」という文化的活動の文脈が与えられたときに、生き生きとした思考活動をはじめたという事実である。つまり、「文脈」が全くわからぬ実験やテストの状況では、本当の子どもの思考はわからない。適切な文化的な文脈の中であらわれる子どもの知力をその文脈とのかかわりでしらべなければならないのである。

知能の文化的相対主義ともいえるこのような考え方のもたらしたインパクトは次のようなものである。

思考の領域固有性

まず第一に、生きた知恵や技能というものは、そもそもそれを活用する現実生活の実践と結びついたものであり、文化的実践と無縁の「形式的」な思考は、本来は身につかないはずのものだ、ということである。それにもかかわらず、「知能テスト」で高得点をとれる子どもというのは、文化的実践と切り離した、「人工的」な世界での操作活動にたまたま習熟しており、「頭を切りかえて」しまうスキルを身につけているのではないか、という考え方もできる。

このことを心理学的に検証する数多くの実験がなされ、思考の「領域固有性」の問題として注目をあびてきた。すなわち、私たちのもっている思考が、活動をはじめ、生き生きと作動するには、それにふさわしい状況を示されたときのみであり、それができない状況では、どんな人でも（大人でも、学者でも、専門家でも）、まるで「手も足も出ない」ということがある、というのである。知識がないのではない。「考え方」を知らないのでもない。要するに、考えがはたらかないのである。

具体的思考の重視

第二のインパクトは、「発達段階」というものに対する盲信への警告である。思考は、「具体から抽象へ」と発達するというが、人は本当に「抽象的に」思考できるのか。本当に「形式」に従って思考しているのか。文化的な実践の文脈でこそ思考がはたらく、ということは、思考が状況の具体的な事物に結びついているのであり、それを一般化・抽象化・形式化して思考していると考えることはできないのではないだろうか。

そもそも具体を離れた思考は存在するのか。もしかすると、人が「形式」を操作できるのは、その「形式」の意味づけや意義づけが感じられて、多少なりとも、現実の場面でのきわめて具体的な状況を「思い起こさせる」はたらきを失っていないからではないのか。

私たちは「形式」的思考を教えるのではなく、「具体」的思考を「形式」で代用して考えるようにしむけているにすぎない。学校教育に活気をとりもどすには、このように、「具体的状況」を回復するのがぜひとも必要だということになる。

つまり、思考の「発達」は、「具体から抽象へ」いくのではなく、具体からより広い具体へと発達し、そのような具体的状況の中で有効さがすぐに検出できるかぎりでの「形式」が（具体性へのつながりをもったまま）獲得されていくのではないのか、ということになる。

文化的実践とのつながり

このような、「文化と思考」を結びつける考え方と、さきに述べたメタ認知研究の考え方とは、はからずも表裏一体となっていることにお気づきだろうか。

子どもは、「ある状況」の中では、メタ認知を自発的にはたらかせる。すなわち、自発的に、「正しい考え方」、「正しい方略」を自ら編み出す力をもっている。ところで、その「ある状況」とは何か。それは、その子どもをとりまく文化の中での実践活動と結びついており、そういう実践活動の中で生かされうることが見えやすい状況のことである。このことをさらにまとめると、「思考の領域固有性」を中心として、その拡大と深化をもたらすことが発達であり、それを促すのが教育だということになるのではなかろうか。

しかし、これだけではまだ足りない。もう一つの問題、「人間の思考の領域固有性はなぜ生まれるのか、どうすればそれは拡大深化するものか」についての、今度はひとりの学習者の内面にまで掘り下げた考察が必要である。

四、思考がはたらくとは

前項までの議論をまとめると、私たちの思考がはたらくのは、文化の中で意義を確かめられる活動や操作と結びついているときであって、「正しい考え方」を知識としてもっているということによるのではないということになる。

文化の中で意義を確かめられるといったが、それは学校における授業の中ではどのようにして実現されるのだろうか。

まず考えつくことは、教材を生活に根ざしたものにしたり、子どもの身のまわりのできごとを題材にしたり、学校近辺の地域や環境を題材にすればよいということだろう。

しかし、このことだけははっきり申し述べておきたい。題材が身近なものであれば、必ず子どもの思考がはたらくという保障はない、ということである。なぜかというと、子どもの思考がはたらくためには、子ども自身の活動や操作の及ぶ世界の中で、子ども自身がたしかに「カンケイアリ」とみなすような、レレバンス（relevance）をもつことが大切なのである。しかも、そこには、子ども自身が自律的に、自己決定として、何らかの変形や組みかえ、創造などの具体的なはたらきかけのできるような世界でなければならないのである。

教材の題材はたとえ「身近」でなくとも、子どもたちが「やってみれそうな」気のすることが大切なのであって、題材だけは「私たちのくらし」や「お父さんのしごと」であっても、子ども自体としてはあまりカンケイナイとみなしている場合は思考が全くはたらかないのである。

意義化のための三つの方略

それでは、「文化の中で意義を確かめられる活動や操作と結びつく」ためには、どういう授業の進め方があるか。私はそれには次の三種類のはたらきかけが必要であると思うのである。

(1)エピソード化
(2)多元的機能化
(3)モデル化

(1)のエピソード化というのは、ものごとの背景となる具体的なエピソード、物語、経験談などによる肉付けを指す。自然に状況のイメージ形成を促し、ものごとの前提や制約と当面の目標との関連に注意を払うようになる。目標追求とそれを可能ならしめる条件とが、ごく自然に整合的に結びつけられるのが「エピソード」というものである。こういう〝肉付け〟のない授業では、思考がはたらかない。

(2)の多元的機能化というのは、こういうことのために有効だとか、これはこういう状況でこういう機能を果たしているということを、さまざまな観点から見るのである。ものごとの「構造」を見てその機能を考えたり、当面の目標から必要な機能の要請をもとに、どういうモノがつくられるだろうかと考え出してみるのである。機能の理解は意義の理解のもっとも中心的なものである。

しかし、機能の理解はとかく「固定化」しやすい。「コレコレのものは、コレコレの目的のもの」ときめてかかり、それ以外の目的に使えることに気づかなくなる。そこで大切なのは機能の多元化であり、他者とのかかわり、他の社会や他の文化との接触である。それによって、同一のものが実に異なった目的と観点で、多様な機能を果たすことに気づけばよい。

(3)のモデル化というのは、アナロジーや比喩《ひゆ》、隠喩による理解の促進である。これも私たちの文化にはあふれんばかりに存在しているものである。そのようなアナロジーやメタファによって、知識の転移を文化的に伝承してきたのである。メタファやアナロジーは、具体的世界を具体的に説明するものである。しかも、あくまで具体的でありながらも、本質的な部分と、「どうでもよい部分」とを明白にうきぼりにする。このようなはたらきかけによって、「文化の中で意義を確かめられる活動や操作に結びつく」思考が活動しはじめるのである。

あるいは、こう考えてもよい。

さまざまなエピソードが子どもの心に浮かびあがる題材、さまざまな機能とその有効性を自ら吟味しやすい活動状況、いろいろなアナロジーや「見立て」のできる材料とそれを促す状況、などを設定すると、子どもの思考が実際に作動しはじめるということでもあり、そのようなエピソード、機能、モデルに注目させればさらに効果があろうというしだいである。

文化とのかかわり、思考の領域固有性をこえていくメタ認知を促すタネとしかけは、このような意義化（sense-making）の活動がしやすいことにあると私は考えているのである。

さらに、ここで大切なことは、そのような「文化とのかかわりのもちやすい」状況の中で、人が思考をはたらかせるのは、私の考えでは、そこに、「視点」が投入されるからだと考えている。だれか、他者の立場になり、視点を変え、世界を見直してみることである。

長坂氏の実践の重要なポイントは、買う人の立場に立ち、次に、売る人の立場に立って「自分ならどうするか」と考えてみることである。理屈で考えようとするのではなく、そのときの、その時点での、自然な考え方が自分の中にわき起こってくるのを待てばよい。そうすれば、自然にものごとがよく見えてくるのである。

従来、教材の構成論理や精選論理を支えていたのは、教材の題材そのものの近親性と、教材の中に含まれる思考操作の複雑さであった。しかし、もっと大切なことは、教材を意義づけることの容易さである。子どもの世界、子どもの生活の中で、自然に活用している知恵と技能と、どの程度の連続的な関連を結びつけることができるか、という点にもっと注目してほしい。そして、それは、「正しい思考操作」の定式化だけでは見えてこない。六年生の問題だって、うまく工夫すれば二年生でも解ける。この事実の重みは小さくはない。

しかし、こう反論する人もいよう。そのようにいちいち実感にもどして考えさせていたのでは、第一、効率が悪い。指導要領できめられた内容をこなすだけで、せいいっぱいだ、と。

これは大きな勘違いである。そのことは、少しずつだが、やはり認知心理学の実験的研究が明らかにしてくれている。すなわち、意味や意義を考えることは、実際にはそれが理解への最短コースでもあり、しかも、このことはあまり重要ではないが、記憶の保持についてももっとも効果が高いことがわかっている。さらに学業成績の高い子どもほど、意味や意義をはっきりさせることに学習時間を多く使用しているという事実もわかってきている。

おぼえよう、おぼえようとばかり考えることがかえっておぼえにくくしていることは、皮肉なことではないか。

もっともこの皮肉なパターンは、今日の学校教育全般の特徴ともいえる。

5.

「信じる」とはどういうことか

一、「信念」の回復は可能か

このごろ、世の中で「信じる」という現象が見られなくなってきている。人びとが互いを信じなくなった。子どもたちがものごとを心から信じなくなった。政治が信じられない。道徳的原理が信じられない。科学が信じられない。芸術も信じられない。「信じる」ということが信じられない。それじゃあ、何もかもが疑わしいのかというと、そういうわけでもない。「疑う」という営みもあまりない。ただただ気ぜわしいのだ。世界がめまぐるしく変化しており、あれもあればこれもある、こういうこともあればああいうこともある。何となくなりゆきで事件が起こり、人が死に、信じられないできごとがごく当たり前のことのように、私たちのすぐ傍らで発生して通り過ぎていく。何があってもいちいちおどろいていられない。感覚はマヒして、感動がなくなった。

一体世の中どうなっているのだろう。

「サンタクロースがいなくなる」年齢がどんどん低くなっている。わが家でも、一番上の子どもには少なくとも小学校高学年ころまでサンタはいた。二番目の子どもは小五の段階でサンタを信じていない。三番目の子どもは小三の段階で、ごく当たり前のように、「プレゼントはお父さんがどこかで買ってくるのだ」といい放っていた。四番目の子どもは、かろうじて幼稚園の子どもだったときは「そんなはずはない。まちがいなくサンタはいる」といい張っていたが、小学校に上がる頃にはサンタはいなくなっていた。

一方、一九三九年のオリンピック（ベルリン大会）で、女子二百メートル平泳ぎで金メダルをとった前畑秀子（平成七年に死去）は、当時をふりかえって、「……もし金メダルがとれなかったら、死を覚悟していました。優勝できたからいうのではありません。負けていたなら、生きて帰らなかったと思います」と述べていた。（朝日新聞、昭和五十九年一月二十七日）

スタート前の選手控室で、彼女は全国から送られてきたお守り札の一つを水といっしょにグイと飲み込んだという。「神さま、どうぞ私をお守りください」と。スタートからゴールまで、彼女は「神さま、助けてください」、「神さま、助けてください」と唱えつづけていたという。ドイツのゲネンケルと競り合っていたことを本人は何も知らず、ただただ無我夢中だったのである。優勝を知らされたとき、彼女は「日本へ帰れるんですね」といって泣いた。

このような強烈な「信じる」心情を、手放しで礼賛する気は毛頭ない。「負けるかもしれないが、しかし、何としても勝つ。神が守っている。何が何でも勝つ。勝てなかったら死ぬ」……これは私たちを戦争に駆り立てていった国家主義を美化し、讃美した心情である。こんなおそろしい心情よりは、「オリンピックのプールサイドで生まれた恋」を楽しみ、前夜祭のダンスに踊り狂う現代っ子の選手たちのほうがはるかに人間的であり、平和である。

しかし、今日の若者たちがただヘラヘラと、フラフラと、フニャフニャと生きている姿をなげく「おとな」たちは、「昔はよかった」とか、「昔の人には〝信念〟があった」といいたがる。

何とか、いまの世の中で「狂信」を復活させることなく、「信じる」ということをとりもどす道はないものだろうか。

二、「疑うこと」のむずかしさ

国家主義的理念を「信じて」、戦争に勝つためには自らの生命をささげてもよい、と思っている人にとっては、そのような理念を「疑う」ということなど考えられないことなのである。それに対し、ものごとの理解を深めていくのに役立つ「信念」は、疑ってみるということへの抵抗はない。むしろ、徹底的に疑ってみた上で、「やっぱりそうか」という結論に至ってはじめて、安定した信念が形成されるものだろう。

しかし、人びとが自らの考えの基盤となっていることをあえて疑ってみる、ということは容易なことではない。単に数多くの経験を積み重ねればよいというものではない。人はどんなに多くの経験をしても、自分の信念を変えないで、他のさまざまな外的要因に原因を帰属させるものなのである。他人のせいにするとか、偶然のせいにするとか……。

さらに困ったことに、私たちの文化の中には、「疑ってみる」ということが「信頼しない」とか、「反抗する」とか、「心に迷いがある」とかのあらわれとみなし、人格の未熟さの結果であるという考え方（そういう「信念」）が根強いのである。「疑う」ということは、「信じていない」ということであり、破門されても仕方のないこと、要するに「許されざること」なのである。

私たちの心の中には、「学ぶ」ということを何らかの「道」に従って修業することだという考えがある。ひとたびその「道」に入ったならば、その道の「しきたり」に従うべきであり、その「しきたり」に少しでも疑いの念をいだく者は破門されても仕方ないと考えてしまう。「あの先生はこういう考え方をする」ということは、その先生の前では、「そういう考え方」で自分も考えるということであり、それに疑いをはさんではならないものとする。「あの人はこういう人なのだ」ということをいちはやく察知して、その人の「考え方」にうまくあわせるのが社交のコツなのである。

人づきあいだけにとどまるなら大して問題はないのだが、同じような発想が、知識の探究であるはずの学問分野でもしばしば見られる。それぞれの分野には、それなりの流派があり、さからってはならない家元がいる。「疑っていいことと悪いことがある」のである。とっぴょうしもないことをいい出すと、「あれはヨソ者だ」とか、「先輩にタテつく不届き者」とされる。

こういう考え方の文化の中では、「信じる」ということは、目をつぶって何かの「道」にとびこむことである。わき目もふらず、まっしぐらにまい進することなのである。私たちにとっての「信じる」は、盲信、狂信だけなのか？　さもなくば、どの流派にも属さずに、ブラブラして「遊んで」いるだけなのか。

三、本当の疑問が生まれる場

右のような精神風土の中で、「疑う」ということは、反抗し、つっぱるということになる。しかし、そういうつっぱりは、疑っているというより、特定の流儀をきらっているにすぎない。自分は自分の流儀でやらせてもらうというだけの話である。

つっぱりや反抗、あるいは「道にそむく」というものではない「疑い方」はあるのだろうか。私はこう思う。つっぱりや反抗のための疑問でなく、本当に「信じる」ための疑問が生まれるためには、適切な、教育的「場」が必要だろう。

教育的な「場」というのは、第一に先生と生徒がそれぞれ自分なりに心の中で「私にもやはりわからないことがある」という事態を本心から受け入れることができるという状況であり、第二には、互いが「相手から教えられることがありうる」という信頼関係の成立である。つまり、まず第一に、「わからない」という実感が、共有されうる場であり、第二には、「それでもわかりうる」という期待感である。(「わからないことの内容」が共有される必要は必ずしもない。ただ、「わからない」、「おかしいと思う」という姿勢、構えが、私にもあり、あなたにもある、という意味で、共通の基盤となっていることである。）

「信じる」ための疑問は、ときには強烈に破壊的になりうる。問われた者がそれまで築き上げてきたものがすべてガラガラと音を立ててくずれ落ちることすらありうるものなのだからである。

そういう「破壊」を互いがおそれないことと、やはり破壊をつきぬけて新しいものをつくりたいという熱意がなければならない。

そういう「破壊的な」問いは、まさに、「破壊的」でなければ意味がない。タテマエや公式でかたづけたり、ごまかしたり、逃げまわってはいけない。そういう「予想もしなかった」問いを投げかけられたとき、たとえいままでのものがすべてくずれ去っても、ガレキの山を横にして素っ裸でもう一度立ち上がるということの可能性を、問う者も問われる者も受け入れていなかったならば、本当に安心して「問う」ということはできまい。そういう「何度でも一からやり直してもいい」ということが、とりたてて悲愴《ひそう》感もなく、サラリと受け入れている状況、むしろ、「やり直すことの楽しみ、よろこび」を享受できる場、そういうものがあるとき、人は「本源的な問い」をなげかけることができるし、受けとめることができるであろう。私はこういう状況こそが「教育的な場」であるといいたい。

そのような「場」においては、徹底的に「攻撃的」に疑問を出すのがよいわけではない。そのようにすれば相手をいたずらに防御的にし、弁解がましくさせてしまう。基本的には、「ともに一から問い直す」という〝参加〟型のものでなければならないのであり、知的営みという協同作業へ参加することの同意が成立していなければならないのである。

四、課題探究の多重構造

何らかの「課題解決」の作業の中で、「信じる」とか「本源的な疑いをもつ」とかの営みがどのように生まれるのかを考えてみよう。

図1に示すような、課題探究の多重構造を提案しよう。つまり、学ぶ人はいつもさまざまな「内的問いかけ」を多重構造で心にいだきながら探究しており、この多重的問いのどこかが、何らかの都合でストップしたとき、私たちは何かしら「腑《ふ》に落ちない」感じをいだくのではないだろうか。

いいかえると、人がものごとを「なるほど」と受け入れ、「信じる」ためには、さまざまな層（レベル）での内的問いかけが、次々と順調に問われ、答えられていく必要があると考えるのである。以下で提案する多重構造は、授業計画や授業の評価を考えていく際に十分考慮していただきたいものである。

一般に、課題探究は四つのレベルで進行する。一応、表面的には図1のレベルⅡで示される

「課題解決」が進行する。ここでは、何が問題かは明確に規定され、制約条件、解法の手続きがきまっているのである。あとは、適切に、正しい手順に従って、解を生み出していく操作を実行するのみである。その際にも、さまざまな「工夫」は必要であり、解法手続きの適用の順番をきめることや、課題のパターン分け、解決の段階づけなどが「思考」の内容である。

図1　課題探求の多重構造

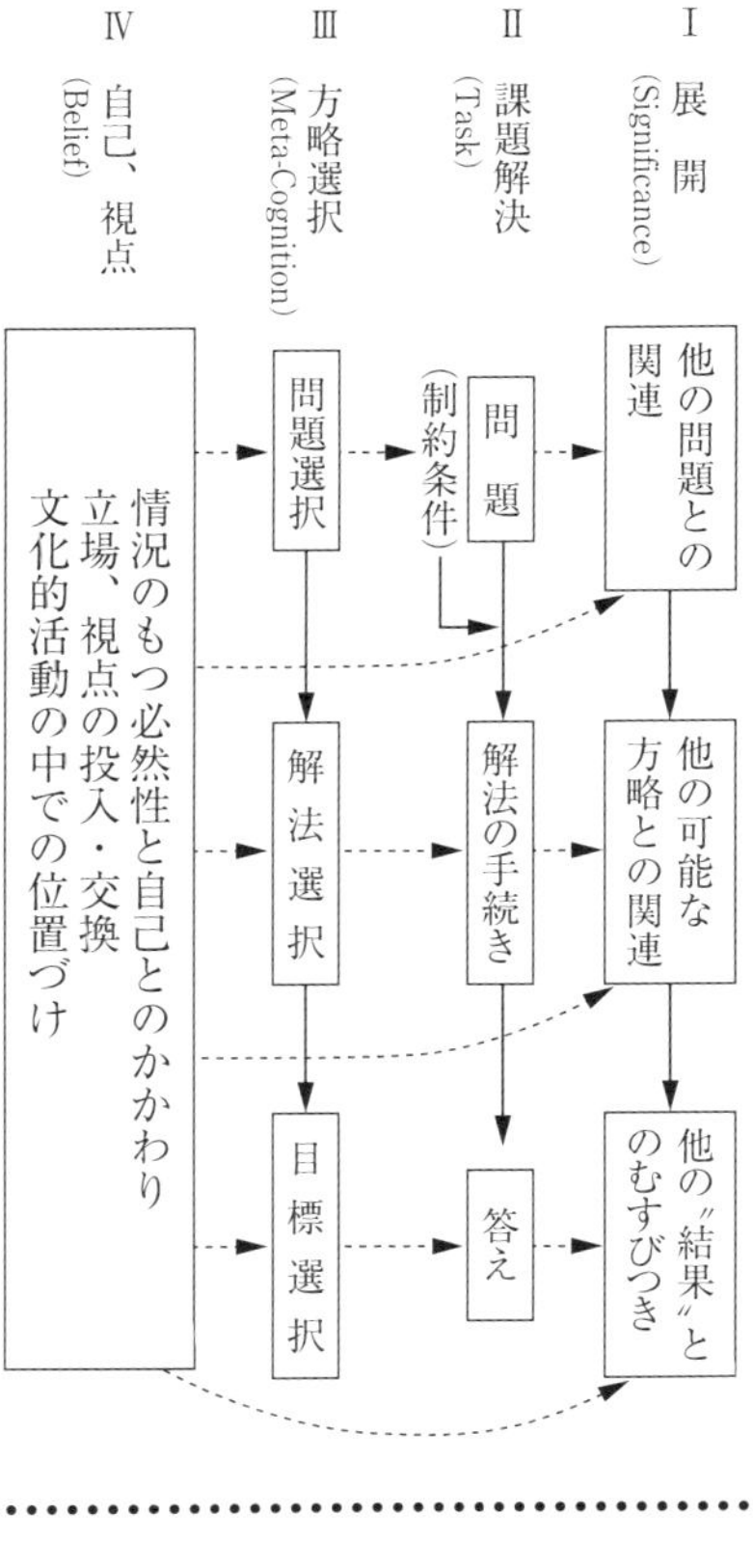

しかし、このような「課題解決」の背後に、レベルⅢで示したような「方略選択」がある。

たとえば、「いま、この問題に取り組むべきか、もっと別の問題のほうが解決しやすいのではないか」とか、「この問題を解く前に、かりに別の問題におきかえてみて、それを解いてみたほうがよいのではないか」という判断である。問題を表現しなおしてみたり、別のことばでいいかえたり、図を描いてみたりするのである。また、解法の手続きを選択する際も、「およその見通しを立てる」ことにするか、「ゆっくり時間をかけて、まちがいのない、厳密に正しい答えを求める」解法を適用すべきかを考えるプロセスである。事態や文脈の中での当面課題の位置づけ、役割、重要性や緊急性を考慮するのである。さらに、得られた答えが、当初の問題の「答え」として、もっともらしいものか、ありそうな話か、つじつまがあうか、こういう吟味がレベルⅢの思考である。

レベルⅣというのは、「自己、視点」のレベルである。「どうして〝自分〟はいまこの問題を考えなければならないのか」、「〝自分〟はこの場でどういう役割を果たしているのか」、「どういう立場、どういう視点からこの問題に取り組むのか」、「自分の過去の経験やいままで学んできたこととどうかかわりあうのか」、「自分にとって、何が本当に重要な課題なのか」、「どういうことが本当に大切なのか」、などについて考えるのである。

ところで、レベルⅠというものが最上位にある。これは「展開」のレベルである。「この問題は他の問題（これから直面するであろう新しい問題）とどう結びつくか」、「もっとよい解き方はないか」、「この答えのもつ意味や意義は何か」、「どういうことに使えそうか」などについて考えるのである。

課題解決をとりまく状況というのは、このような多重構造をもっている。ところが、学校の教室で、Ⅱのレベルだけがとりあげられていくにつれて、子どもたちはⅠやⅢ、Ⅳのレベルでの吟味をしだいにしなくなっていくのではないだろうか。それにともなって、子どもは知識を「ホントウだ」という実感と切り離された、人工的世界のできごととしてとらえるようになっていくのである。

このような多重構造の重要性を説くと、必ずといってよいほど出てくる議論は次のようなものである。

「お説はもっともです。しかし、子どもたちから、算数なんかやって何になるのと問われたらどう答えればいいのですか」（暗に、そういう質問は答えられないという主張が含まれている。）

しかし、考えてみると、「こんなこと勉強して何になる？」という問いは、実は、とてつもなく重大な質問なのであり、それこそ、「信じるための本源的な問い」なのである。つまり「教科の文化的意義づけ」である。

実生活で活躍している人たちのもつ知識や技能と、学校で教えられる知識や技能とは連続的かどうか。また、学校で教えられる知識や技能を導入したり展開したりするとき、それらの知識や技能が現実世界のどのような場面で生かしうるかを十分伝えているか。知ることのもつ意義や役割を自ら探究する機会を十分与えているか。

最近、こういう「本源的な問い」をおしつぶすことなく、教育界、産業界、さらに心理学界がまじめに問い直してきている。学力の低下を促成栽培的な処置で防ごうというのではない。子どもたちがⅠからⅣのすべてのレベルで十分探究を進め、理解を深めることができるにはどうしたらいいのかを考えているのである。パソコンやビデオの導入も、Ⅱレベルの知識の習得のためよりも、Ⅰ、Ⅲ、Ⅳのレベルでの探究が楽しいゲームやみごとな映像でひとりひとりの子どもが自分で追求していけることにむけられている。

指導要領にしばられているとか、受験地獄に苦しめられているといってばかりはいられない。教育として大事だ、と明らかにいえることがあれば、何としてでもそれを実現できるように、さまざまな試みをいまからでもはじめるべきだろう。

大切なことは、「価値選択」の意識化である。必要だ、もっともだ、大切だ、といったような実感を大切にし、そういう実感の発生する条件をさぐり、そういう実感を意図的に育てていかなければならない。そういう教材を開発して、そういう教え方を工夫して、子どもたちとともに、そういう実感を共有していかねばならないはずである。このことは決して「価値観のおしつけ」ではない。「価値吟味の育成」である。教師は自分の価値観を子どもにおしつけてはならないのは当然である。しかし、そのために、「価値を吟味すること」をひかえてしまったならば、なんにもならないのではないか。

問題を解くというとき、私たちはどこまでそのような「問題の意義的状況」を十分吟味していただろうか。本当に伝えたいことは、「意義」か「答え」か。選ぶべきは二つに一つである。

五、信念を育てる教育

信じるべきことを信じ、疑うべきことを疑うことのできる人間を育成するために、私たちは何をしなければならないのだろう。

第一には、さきに述べた「本源的疑問を生み出せる場」を教室にとりもどすことである。先生自身が、世の中を広く知りたがり、疑問に思うことを批判や攻撃ではなく真摯に問うことである。先生もよろこんで「わからない」といえる場をつくる。「本当にそういえるか」をきびしく問うことを教師自らも実践することである。

第二は、多重構造をなす課題を、つねに、多重構造的なものとして扱い、子どもたちが目の前の課題解決に終始することなくⅠ、Ⅲ、Ⅳレベルを話題にしあうことである。問題における立場や視点を明らかにし、また、立場や視点が変われば「問題」そのものも変わることに気づくことである。つねに、大切なことは何かに関心をむけ、それがわかるとどういうことになるのかという、知ることの意義を求めることである。その結果、この問題は取り組むに値しないとか、もっと大切な別の問題に取り組むべきだという結論が出ても、それを受け入れる体制がなければならないであろう。教室で先生はよく「これは大事だ」という。しかし、この「大事さ」が授業の進行上の都合ではなく、子どもの理解の必然性から納得できるもの、社会・文化の大事さでなくてはならない。

私たちや子どもたちがもつべき「本当の信念」というのは、課題解決をとりまく多重的な問いの吟味の中で自然にわき起こってくるべきものである。「ああ、たしかにそうだ、これが本当なのだ」ということの受け入れとしての「信じる」行為は、特定の事実命題を教え込まれたり、何らかの技能に習熟することだけでは生まれないのである。与えられる知識や技能をとりまく疑問の洪水の中で、子どもたちは真の理解に結びつく信念をもつようになる。理解と結びつかない信念は盲信であり狂信である。

いやしくも「教育」を通して信念を育てようというのなら、特定の「道」の修業を強要して「熱狂的」な、強迫観念に近い心情を喚起させる「信念」は避けなければならない。「日の丸」や「国家」のための信念でなく、人間の文化的営み全体との関連、多くの人びとと「ともにいる」実感に支えられた信念づくりこそ、今日もっとも大切なことではないだろうか。さらにまた、信じられないことへの疑問をもつこと、信じるに足るものを自ら選び出すこと、自ら安易に信じ込んでいることの再吟味、こういう教育がこれからの教育の大きな課題といえよう。

信じることの教育のためには、実はもう一つ大切な側面が残されているのである。

最後に、「信じる」という営みの中の「希望」という側面について論じておこう。

「希望」というと、何かしら、「しあわせ」を夢みる話のようにきこえるかもしれない。しかし、私がいま指摘した希望は、そういうロマンチックな話ではない。村井実氏（慶応義塾大学名誉教授）のことばを借りるならば、「善くなろう」という意思であり、「善くなれる」ということへの信頼である。教師にとっては、ひとりひとりの子どもが「善くなろうとしている」ということを信じ、「きっと、善くなる」ということの信頼である。

ここで注意したいことは、「善い」ということはどこまでも「定義できない」ことである。どこまでも「未知数X」なのである。

私たちは時に「判断を控える」ということが必要なのだ。さきに「わからない」という事態を受け入れることの重要性を強調したが、希望も同様である。いまはわからないことでも、むりにわかったふりをしたり、勝手にきめつけたりしない。「善さ」を未定義のまま、心におさめておくことが希望である。

人は希望をどのようにして学ぶのだろうか。これはどう考えても、「希望をかけられる」ことによるとしか思えない。

だれかに希望をかけられて育った者は、自分に対しても、また他人に対しても希望のまなざしを注ぐことができる。希望というのは、まさに人と人との間で、人づてにしか伝えられない。そこにモノが介入してはならない。

テレビのブラウン管や、パソコンのアウトプットを介するものではない。直接的にふれあうなかでしか伝えあうことができない。

「希望をもつ」ということ、これが今日の最大の課題かもしれない。

6. 「わからない」ということの意味

一、「わからない」ことがなぜわかるのか

「チャールズ・ディケンズの電話番号は何番ですか」と問われたら、普通なら即座に「そんなのわかるわけない」と答えるだろう。しかし、どうして即座に答えられるのだろうか。たとえば、コンピュータに電話番号を検索させるようなシステムを作る場合を考えると、データベースに入っている電話番号を全部探索したあげくでないと、「わかりません」という答えは出てこないはずである。こういう問い合わせに即座に「そんなことは調べるまでもなくわかるわけがない」と判断できるためには、たとえば、「チャールズ・ディケンズ」について、それを単に人名としてではなく、いつの時代のどこの国の人であるかという知識（かの有名な作家以外の可能性も含めて）がなければならない。それだけではなく、自分が知っていることのおよその範囲がどういうものかについての自覚（いわゆる「メタ認知」）がなければならない。つまり、こんな簡単な例でも、「わからない」という判定を下すということは実は大変複雑な情報処理を必要としていることなのである。こんなことが私たちにはいかにも簡単にできるのは、日常生活

の中での「会話」について、高度なスキルを身に付けているからにほかならない。

普段の日常生活では、そもそも「わからない」ということがわからない（自覚していない）ことは多く、なんとなくわかったことにしていたり、そもそもあえて「わかっているか」と自ら問うこともしないままで、なんとか毎日を無難に過ごしているのである。考えたこともないことを突然問われると、何が何だかわからない。頭の中が真っ白、ということにもなる。

教室で子どもたちが指名されたときに、「わかりません。」と答えるときも同様で、そもそもそういう問いが存在することすら考えたこともない、という場合には、一体何がわからないのかがわからず、どう考えればわかるかが見当もつかず、また、そもそも考えればわかることかどうかもわからない、ということもありうるのである。

そこで、以下では、子どもが「わからない」というとき、いわゆる「解き方がわからない」とか「正解が出せない」などというキレイゴト以前の、「わかろうという気もおきない」という場合について考えてみることにする。

二、「何を問われているか」わからない

子どもが「わかろうという気もおきない」ことで、案外多いのが、「何が問われているのかがわからない」という場合である。

質問する教師の方では、自分の知識や自分の勝手に想定した授業の流れの中で、「アノコト」を引き出したいと思って、いくつかの「答」を想定している。そういう「予想した答」を先に考えてから、それが答になる問いを考えるから、子どもにとってはまったく意味不明の質問をつきつけられることになる。一番ひどいのは、教師が勝手に思い描いているキーワードを、なんとか子どもの発言の中から引き出そうとして、連想ゲーム的な手掛かりやヒントをちらつかせたつもりの質問を出すのだが、もともと教師がどんな風に話を展開させるかまるで予想のつかない子どもにとっては、およそ質問の意味がわからない。何かというと、「先生が聞いているのはそういうことじゃないんだ」といわれるかと思えば、「何でもいいから考えてごらん」と言われる。そうなると、教師の顔色を必死に読み取るか、あてずっぽうの思いつきをつぎつぎ言ってみるしかない。

「何を聞きたいの！」と逆に問い返したいのだが、教師は同じ意味不明の発問をくりかえすばかりだ。

こういう悲惨なケースは、「教師は子どもに知識を押しつけてはいけない」という脅迫観念をもっている教師が、なんとか子どもたちの発言のなかから「教えたいこと」を言わせようとして、妙に「苦心」する場合におこりやすい。

三、「なぜそれが問われるのか」わからない

「わかろうという気がおきない」第二のケースは、「なぜそんなことがわかりたいか」がわからない場合である。

「たろうさんはあめを五つもっていました。おばあちゃんがあめをいくつかくれました。たろうさんは、いまあめを八つもっています。おばあちゃんはあめをいくつくれたのでしょう。」という問いに対して、「どうしておばあちゃんがあめをいくつくれたのかがわからないのか」がわからないために、じっと考え込んでいた子どもがいた。その子に「おばあちゃんはあめを袋に入れてくれたからわからなかったのよ。」と説明してあげたら、とたんに目を輝かせて、「それなら、三つだ」とすぐに答えられた。つまり、その子は、なぜそんなことが問題になるのかがわからなかったのだ。

このように、「なぜそれが問われるのか」わからないというとき、その時点までの過去のできごととのつながり（文脈）が見えないので納得できないという場合もあるが、むしろ「わかって何になる」ということ、つまり「わかったあとの世界が見えない」ということでひっかかってしまう場合もある。わかったとしてもどうせ自分にはカンケイナイコトにしか思えない、という場合である。

たしかに「実生活で役に立つか否か」を基準にすれば、現在の学校教育の半分以上はほとんどの人にとっては「何の役にもたたないこと」になる。したがって、子どもたちに「わかって何になるの？」と問い詰められると、はたと返答に困ってしまうだろう。そこで「テストに出すぞ。」とか「将来の受験に役立つんだ」などといってごまかしてしまう。

自分が将来どんな大人になり、どんな風に生きてゆき、どんな風に人生をたのしむか、ということについて、どんな子どもでも無関心ではいられない。そういうときに、ふと「こんなことを勉強して何になるのか」という疑問がわいても不思議ではない。しかし、教師がそれにマトモに答えようとしても、はっきり言って、「答がない」ことは目に見えている。しかし、そこに「問題」がある以上、なんらかの形で応えてあげる必要があろう。

私たちには、「何かに役に立つこと」だけが価値をもつわけではないこと、ものごとには、それ自体が探究に値する「興味深いこと」があり、それは次々と新しい、より大きな問題に近づいていく、ということがわかっている。それが世の中の価値を生み出し、文化を作り上げてきたし、そういう人間全体の集合的な営みに参加していくことのすばらしさがわからなければ、目先の目的に役立たないことは「わかろうという気もおきない」だろう。何のためでもなく、誰のためでもない、ただそのことが知りたい、わかりたい、ということがある、ということを、どこかで誰かから「学んで」いなければ、その人の学びは貧弱な段階でストップしてしまうであろう。それは、一つのことを学ぶことが、私たちの文化の全体になんらかの意味でつながりをもっていく、ひろがりをもっていく、という文化的実践への参加意識をもつ、ということである。

そういう「文化的実践への共同的参加」の意識というのは、「学校」でこそ学べることであり、一人で学ぶ独学だけでは身につかないことである。ただ、残念ながら、今日の多くの学校が、そういう文化的なひろがりを子どもたちに見せることを放棄して、「テスト」や「受験」、あるいは「実用的な技能を身に付ける」という目先のニンジンで子どもたちを駆り立てて、本当の意味での「文化の伝承」を忘れている、ということも確かなことである。

四、「わかりたいこと」がわからない

どんな子どもでも、ふと不思議に思ったり、ヘンだと思ったりすることはたくさんある。ところが、教室では教師が勝手に「問い」を与えて、それについて考えろという。自分なりにふと疑問に思うことがほったらかしにされる。そういうときに、「自分なりの疑問」にこだわっている子どもは、教師が何を問い、どう説明しても、「わかろうという気がおきない」に違いない。

臨床心理学者の河合隼雄さんが紹介している話だが、アナトール・フランスの小説にこんな話があるそうである。主人公の子どもが小学校に入り、算数の授業になって、先生が「2＋3＝?」と問題を出すと、どうしても「二つの帽子と三つのチョコレート」を考えてしまう。そう

なると、それはいつまでも二つの帽子と三つのチョコレートのままであり、そんなものを「足し算する」ということがどうしても納得できないでいるが、クラスの他の子どもたちは喜々として「2＋3＝5」と答える。先生もそれは何ら不思議ともせずに正解としているので、その子どもは教室でのできごとがすべてヨソゴトにしか思えなくなり、まさに「わかろうという気も起きない」世界になる〔河合隼雄「算数における『納得』」稲垣忠彦ほか編『シリーズ　授業3　算数』岩波書店　一九九二年〕。

この小説を読んでいないので、その後の成り行きを知らないが、おそらくその子どもは算数嫌いになっていくだろうということは想像できる。

しかし、考えてみると、その小説の主人公の子どもの疑問は、実に「正当な」疑問なのである。このことは、「数とは何か」とか、「加算とは何か」という数学的な根本問題につながる、本来スゴイ問い掛けなのだ。もしもそのとき教師が、「何というスゴイ問いを出してくれたか」と感嘆し、これは大変な難題だけど、とてつもなく大切な問いだということを、教室で取り上げて、教師も一緒に考えてくれていたらどうなっただろう。小説としてはつまらない話の展開になるかもしれないが、もしかしたら、その子どもが将来偉大な数学者になって、自分が数学者を志したきっかけの思い出として先のエピソードを語るかもしれない。

〔筆者なりにこの「問題」を考えるとこうなる。そもそも算数の「演算」というのは、モノを数に「写像（mapping）」した世界でのことなのだ。簡単にいえば、「二つの帽子と三つのチョコレートを、(たとえば何かのゲームの景品として)袋に入れておきたい。さあ、袋をいくつ用意したらいいかな」という課題状況で問題になる問題なのだ。」

もちろん、教室で子ども一人ひとりの疑問を全部とりあげていたのでは授業が「進まない」だろう。(本当は立派に進んでいるのだが、指導要領に沿った展開を「進める」立場からすれば、これでは「進まない」というだろう。)

しかし教師としては最低限、子どもたちに次の点だけは明確に伝えておいていただきたい。すなわち、ふと何気なく疑問に思うことがあったら、やりすごすことなく、どこかにメモしておくとか、何らかのチャンスに教師にたずねるとかしてほしい、ということである。また、「みんな」や「先生」が常に正しいとは限らないこと、疑問の中にはきわめて「正当な」疑問もあること、などである。

別の言い方をすれば、子どもたちに「自分にこだわりなさい」ということを教えることである。しかし、ただこだわっていればよいのかというと、そうではない。「こだわりを共有していくこと」、他者とこだわりをわかちあっていくことを通して、こだわりがきっと「もっと深い理解」につながっていくはずだという希望をもっていくことである。そういう希望に支えられているかぎり、解決がそのとき「保留」になったとしても、いつかは花開き、実を結ぶに違いない。そういうことを教室の「文化」にしていくことが大切である。

「わかるってことも楽しいけど、わからないってことも楽しいね」と言った子どもがいた（拙著『考えることの教育』国土社）。これは何度思い返しても、すばらしいことばであり、意味深いことばだ。

「わかる」ということが強調されることは結構なことである。何しろ、参観している大人（研究者）でも首をかしげてしまうような「わかりようのない」発問を教師が繰り返して「考えさせている」授業や、テレビのゲーム番組のまねか、ヒントを小出しにして「ゲッシング（あて推量）」をさせて教室を沸き立たせているだけの授業が多いなかで、せめて「ちゃんと考えること」を通して、確かに「わかっていくこと」ができるという自信をもたせる授業がもっとひろがってほしい。しかし一方で、ただひたすら「わかる」ことだけを目安にしていくと、ついつい、わかった証拠としての「正答」を求め、それを「出させる」授業におちいる。

むしろ、私たちは子どもが「わからない」と言うことを大切にして、そのことの意味の深さを味わう授業をめざすべきだ。

7.

「わかったこと」を越えていく知識

――「見方」の学習と教育――

一、バケツ理論の反省

私たちはときどき、ものごとの「見方」を学ぶ。なるほどそういうふうに考えるのか、とか、そんな見方があるとは気づかなかった、とか。

「学び方」ということばは、教育界でもかなり古くからあり、また、「考え方」などということばもある。こういうふうに「〇〇方《かた》」ということばがつくと、何かしらそこに「方法」が示唆されているような気になるもので、「学び方」といえば、「学習の手順」、「考え方」といえば、「思考の手順」を意味しているような錯覚に陥る。思考の「アルゴリズム」とか、問題解決の「ヒューリスティックス（発見法）」とかが、教育界でもずいぶんと取りざたされてきた。

しかし、最近私が関心をいだいている「見方」という問題は、このような「……のしかた（方法、手順）」という意味とはまったく違ったものである。英語でいえば、viewpointということで、「視点」といったほうがよいであろう。ただ、「視点」というとカタイ感じがするので、「ものごとの見方」ということばでそれをいい表わしておこうと思う。

現代の知覚心理学や認知心理学がもたらしている最大のメッセージは、一言でいうと、「反・バケツ理論」である。

「バケツ理論」というのは、現代の科学・哲学者、イギリスのK・ポパーが、伝統的な認識論を批判する際に用いていることばであるが、要するに、「人間は目や耳から感覚データを次から次へと吸収していくと知識というものが自然に形成されていく」と考える立場のことである。人間の「アタマ」をバケツにたとえ、そこへ次から次へといろいろなものをほうり込んでやると、底にたまってくるのが知識だ、という立場である。（K・ポパー著、森博訳、「客観的知識」木鐸社、一九七四年）

K・ポパーは、このような「バケツ理論」を批判する。彼は「帰納的知識は正当化されうるか」という認識論上の大問題に対する哲学者ヒュームの否定的結論をもとにして論究し、実に明解な新しい認識論を提案しているのである。

私がポパーに注目するのは、彼の結論が、現代における認知心理学が「実験的に」得た結論とみごとに一致している点である。つまり、今日の認知心理学でも、知識は情報の収集によって自動的に形成されるのではない、ということを、くり返しくり返し、デモンストレーションしてきているのである。

二、反証することによって知識が

私たちがものごとを「見る」とき、情報を単に「受容」するのではなく、むしろ、「見る前」にいだいている「仮説（hypothesis）」や「予期（anticipation）」が、知覚を先導している、ということは、アメリカの心理学者ブルーナーがまだ「知覚心理学者」だったころから（注1）よくいわれてきている。ブルーナーらはその後、このような考えを発展させ、ただ単にものを知覚的に「見る」だけでなく、概念を獲得したり、ものごとの「関係」を見る、というようなレベルにもあてはめ、認識を先導する仮説の生成過程を重視する「発見学習」の提唱にまで及んだことは、よく知られているとおりである。

さきにあげたK・ポパーも、認識の前段階に「臆測」というレベルを想定する。その「臆測（conjecture）」はそれを反証しようという吟味の手続きを経て「客観的知識」に至る、というわけである。ポパーのいう「客観的知識」というのは、この「反証的吟味」をくぐりぬけて、当面「生きのびている臆測」のことをさし、将来はまた反証されてしまうかもしれないものである。しかし、ポパーは、知識というものは、もともとそういうもので、「進化」していく生きものである、というのである。

ここまでみると、ブルーナー流の考え方（といっても、別にブルーナーがその創始者だというわけではない。ただ、ブルーナーは教育界でたまたま人気があるので一応ここでそういってみるだけである）と、ポパーの認識論とは、一脈通じるものがあることはすぐにおわかりであろう。しかし、両者は「一脈」だけしかあい通じていない。かなり本質的な点で異なっている。ついでにぶちまけていってしまうと、私は、ポパーにさえもまだ不徹底さをみる。このあたりのことを少し論じてみよう。

ブルーナーにしろ、また、同様な考えを知覚心理学で提唱するイギリスのグレゴリー（注2）にしろ、人が情報を収集する（目をひらいてモノを見る）前にもつ仮説としては、本質的には「確証（confirmation）」を期待する仮説である。しかし、ポパーは、一つの臆測（conjecture）が発生すると、それと同時に、その臆測を反証（falsify）する仮説が生成されるとするのであり、この反証過程をくぐりぬけたものだけが「知識」となる、というのである。

三、「定理」を疑ってみよう

では、私はどう考えるかについて次に説明しておこう。

私は、今までに二、三度、ある種の数学的公理系をつくろうと努力したことがある。それぞれ、数年間ずつかかり、そのうち一つはまあまあのでき具合で完成したが、あとの二つは、けっきょく放棄した。私が次に提案する「認識論」は、この経験を背景にしたものであることを

図

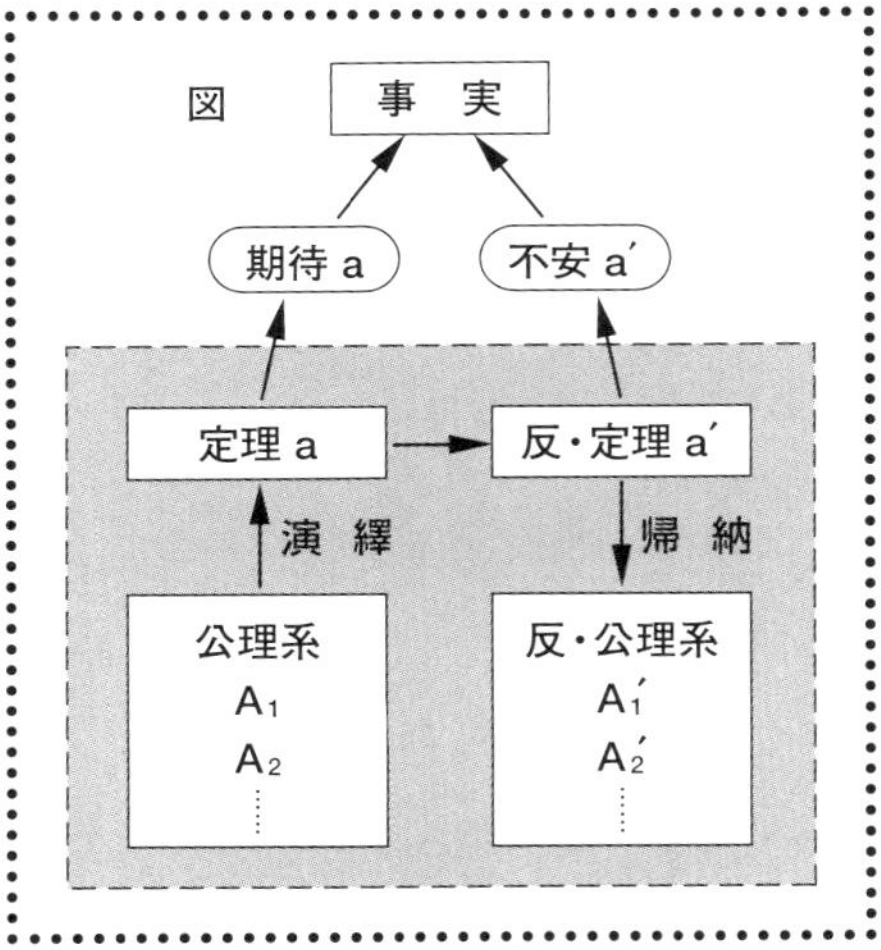

お断りしておこう。以下でいう「公理」とか「定理」ということばはすべて比喩的に解釈していただきたい。

私たちが何かを「知る」前に、まず心の中に一つの「公理系」が用意されている。「公理」というのは、それ自体は検証も反証もできない性質のものである。その「公理」からは、無限に多様な「定理」が生成できる。「定理」はもちろん観察事実によって検証も反証もできるものでなければならない。

（政治を例にとれば、「現総理」ならきっとこういうだろうと予測するとき、「こういうだろう」というのは検証できる定理であるが、それ以前に、「現総理とはこういう人間なり」というモデルがある。それが「公理」である。）

「定理」は、公理からは原則的に無限に多様なものとして生成できるが、当面の状況の中で検証できそうな定理はそう多くない。そこで、当面関心の払われる「定理」が知覚や認識に先立つ「仮説」、「予想」、「期待」となる。

ところが不思議なことに、一つの「定理」が予想されると同時に、その反対、または、否定の定理が生成される（予想をうらぎる可能性が心の中で生成される）。そうなると、その反・定理がもっともらしく説明できるはずの反・公理系が暫定的に生成される。こういう状態で私たちはモノを見るのである。つまり、事実に照らすと、定理ａと反・定理ａ′とのいずれが正しいか、として見るのである。

事実の観察の結果、反・定理のほうが確証されると、もとの定理は反証され、今度は反・公理系が一応採用される。しかし、定理ａが確証されたらそのまま進歩はないのか、というと、そうではない。定理ａ以外にも、別の定理ｂが同じ公理系Ａから生成できるし、また、定理ａがまだ関心のマトにあったとしても、その否定ないし反証命題はａ′だけでなく、″ａもありうる。そうなると、たとえ命題ａが確証されたあとでも、もう一度「見直し」や「考え直し」が発生する。（図参照）

四、「わからないことがわかる」とは…

単純な「経験主義」がまちがっているのは、定理そのものが事実のほうから生成される、と考えたことの誤りである。ブルーナー流の「仮説検証」理論の不備なところは、「仮説」の生成や修正の過程についての明確なモデルの欠如である。ともすると、オミクジを引くような形での「予想の当てっこ」が「仮説検証」と誤解されやすい。

私がここで提唱しようということは、子ども（おとなでも）が「わかった」というときは、自分のもっている「公理」についてであって、「定理」についてではない、ということである。したがって、「公理」が新しく「わかる」と、そこから無限に多様な新しい「定理」（予想）が生成できる。「一を知れば十を知る」どころか、百でも千でも、一万でも知ることができるのである。

「ものの見方」というのは、「公理系」のことである。

子どもが「わからない」というとき、それは、何でそんなことが予想されたり、問われたりするのか、その背景の必然性、つまり「公理」がわからないのである。

「何がわからないのか」が明確になる、というのは、モノを見る前に、確証できることと反証できることの両方が、じゅうぶん吟味されて生成されていなければならない。

こういう認識のモデルに基づいた教育とはどういうものになるだろうか。

まず第一に、やみくもに「自然をよくみなさい」などという指示だけは出さないでもらいたい。「バケツ理論」はまちがえで、情報さえ与えれば知識が生成されるのではないのだから。

第二に、やみくもに「思いつく仮説をいってみなさい」というのも、少なくとも高学年になってきたらひかえていただきたい。低学年の場合には、自分の仮説（定理）を表現する力もあまりなく、ふと思いつくことでも一所懸命「いってみる」ことがたいせつだから。

しかし、高学年になってきたときは、予想（定理）と、反予想（反・定理）の両方が同時に出てこなければ（しかもひとりの人間が両方を出さなければ）ならない。しかも、その根拠、理由たる公理系、反・公理系まで自己生成できていなければならない。視点を変えることの重要性は、いくら強調しても足りない。一応確信していることも、もう一度問い直し、公理を組み変え、公理を再構成するべく指導されなければならないのである。

（注1）Bruner, J. S. On perceptual readiness. *Psychol. Rev.*, 1957, 64, 123 - 157.
Bruner, J. S. Going beyond the information given. In J. S. Bruner et al., *Contemporary Approaches to Cognition*, Harvard Univ. Press, 1957.

（注2）Bruner, J. S. *Beyond the Information Given : Studies in the Psychology of Knowing*. Norton,1973.
Gregory, R. L. *The Intelligent Eye*. McGraw - Hill, 1970.

8.

理科の「わかり方」を考える

―「科学する」文化をつくる―

大学生の理系離れが憂慮されていたときに、オウム真理教の幹部に有名大学の理系出身が多く彼らが科学の知識や技術を駆使してサリン等の猛毒ガスや幻覚剤をつくっていたというニュースは強烈な追い打ちのパンチだった。

しかし考えてみると、「科学」というものがなにやら不気味な、日常生活とはかけ離れたものだという感じ方は、別段オウム事件がなくとも、私たちの心の中に潜んでいたものではないだろうか。科学者というのも、実験室とかコンピュータ室に何日も閉じこもって、わけのわからぬ数式や膨大なデータを前に、徹夜続きの青ざめた顔をしかめてセコセコと神経質そうに機器や薬品をいじりまわしている人たちだというイメージがないわけではない。そういう「浮き世離れ」したところがなんとも魅力的だとしてきた感じ方も、ひとたびそれが「サリン」と結びついてしまうと絶望的なまでに暗くなる。

さらに、地球規模で進行する環境破壊は、これまでの産業主義、それを支えてきた国の科学技術振興政策の誤りだとされ、それはまた「生産」と「進歩」を無条件に肯定してきた近代そのものへの不信感にもつながり、現代はまさに「ポストモダン」の時代となっている。

こういう時代こそ、科学の「暗い」イメージ、「複雑で、近寄りがたい」イメージを払拭して、「鉄腕アトム」ではないが未来を開く明るいイメージ、あるいはかつての寺田寅彦のエッセイに示されたような、身近な事物に即しての素朴な真実への問いかけというイメージを取り戻したいものである。

一、「公式と計算」からの脱皮

文科系に進学した大学生に、自分が文科系に行こうと思い始めたのはいつごろかを語らせたところ、「小学校時代は理科が好きだった」という学生がけっこう多かった。実験や観察があり、さらに自分の意見や考えを出し合ってみんなで考える、という授業があって、けっこう楽しかったという。それが、中学校、高等学校に進むにつれて、「理科」というのはただ問題が与えられて、それを解くために必要な公式を教えられ、あとは公式に数値をあてはめて計算で答えを出すということばかりになり、しだいに興味を失っていったのだという。

もちろん、科学に公式と計算はつきものであり、公式を使って計算したり、新しい公式を発見したりするのは科学者の仕事といってよい。しかし、「公式から」考えるというのは、受験勉強以外には通用しない発想法である。生々しい現実、生き生きした現実、混沌とした現実を直視し、直接触れ、問題意識を次第に高めて焦点化した先に行き着くのが「公式」である。そういう公式に至るまで、人間の人間くさい営み、思い違いや試行錯誤の歴史があるはずである。公式に集約してとらえられる側面があると同時に、公式によって切り捨てられた側面もある。そういう「切り捨てられた」側面を再度吟味してみると、もしかすると新しい発見があるかもしれない。

公式をそのような人間くさい営み、歴史的な産物、いつでも変更可能なもの、という見方をなんとか理科教育に取り戻したいものである。

二、ほんとうの実験とは

学校の理科の授業での実験は、科学者が科学の実践として行う実験とは根本的に違う。科学者が実験するのは、ほんとうに「未知」のことを探求し、仮説を検証するために実験する。ところが理科の授業での実験では、「こうなるはずだ」ということが、(少なくとも教師には)わかっているし、そういう事態であることを実は生徒もわかっている。したがって、「予想された結果」を出すのが実験であって、それが出ないのは失敗であり、「やり方」がまずかっただけである。しかも、どういう実験をするかはその道具や材料、手順の細部にいたるまでつねに教師の指示で示される。生徒はひたすら「指示どおりに」従うだけである。さらに、生徒にとっては、失敗しようが成功しようが、ともかく何かやっていれば、いずれ「正解」を先生が教えてくれる。

こういう授業の「裏」が見え始めると――それが中学校・高等学校のレベルか――、生徒の側では「本気」で実験する気がしなくなるのも当然であろう。

さらに、理科の実験で唯一「おもしろい」ところというのは、最終段階の決定的操作だけである。たいていそういう操作は、班の中でいちばんいばっている男子（いわゆるボス）がやり、ほかの男子はそれまでの段取りに、また女子はひたすらデータの記録に回される――これでは女子の理科離れは当然だ。

こういう「理科の実験」を脱して、少しでも「本来の実験」に近づけるために、次のことを提案する。

(1) 実験の論理（実験では「反証」は確定できても、「確証」はできない――たかだか、「例証」のみ可能なこと）をはっきり教えること。ちなみに、「こうやればこうなる」と予想をたてて期待どおりの結果を出し、「やっぱりそうか！」と確認するというのは「実験的観察」であって、厳密な意味での「実験」ではない。「実験的観察」を否定するつもりはないが、それが「実験」だと思わせるのはまちがっている。本当の実験のおもしろさというのは、実はその反証性にあるのだ。

(2) どういう仮説を反証して、目的の仮説の妥当性を高めたいかを明確にすること。

(3) そのために、どんな実験をすべきか、どんな実験が可能かを考え、みんなで真剣に討議して実験にとりかかること。

こういう「ほんとうの実験」の実践を、せめて中学校レベル以上での「理科」でやってほしい。

三、予想でなくきちんとした推論を

理科の授業で生徒が様々に発言するのは、そのほとんどが「予想」である。これから行うべき実験結果についての予想であり、それが何通りも出て「盛り上がった」ところで実験する、というのが効果的とされる。あるいは、実施した実験の結果のデータをめぐって、その説明原理を予想させる場合もある。どちらも、確かに科学者もやっていることだといえなくもない。しかし、決定的なのは、「予想（ゲッシング）」というのは、その理由や根拠が問われないということである。いってみれば、「思いつきの出しっぱなし」である。

「これについて、どう思う?」

「……………だと思います。」

「ふーん、なるほど。別の考えのある人。」

という具合に進行する。これではまるで文化祭での出し物をきめる生徒会だ。

科学では、一つの仮説を提言するには、合理的な根拠、論理的に展開される議論、さらに、可能なかぎりの反論に対する備えが要求される。（残念ながら、この最後の「可能なかぎりの反論に対する備え」という点では、わが国では大学生でも、否、一応「一人前」とされる研究者でも、きわめて脆弱である。仮説を「予想」のことだと信じている――実験で「予想」が当たれば「仮設が検証された」と主張する――実験論文は「学会誌」にすらけっこう多い。これはやっぱり、「予想主義」の理科教育の弊害ではないか。）

ここははっきり、「推論の合理性」について、しっかりとした価値観をもつようにしてほしい。結果が当たるか当たらないかよりも、推論が「もっとも（妥当なもの）か」そうでないか、つまりそのことが論理的に「ちゃんといえる」ことなのか、「かもしれない」だけのことなのか、ということである。単に「そう思う」だけなのか、「これだけは間違いなく、そういえる」ことか。ほかの可能性をきちんと「つぶして」いるのか。

せめて、「君がいっていることが正しいとすると、こういうことになるけど、それでいいのか」というぐらいのことは授業できちんと吟味にかけてほしい。科学的思考というのは、こういう「きちんとした吟味」の過程そのものなのだ。環境破壊や公害を告発するにしても、ただ情緒的に「こういう事態は大変だ」とか「かわいそうだ」という、結果の悲惨さへの情緒的共感に訴えるだけのものであってはならない。「結果の悲惨さ」というのは、結果が出てからしかいえない。それよりも、「もしも、こういうことを続けていると、かならず、好むと好まざるとにかかわらず、論理的に、事実として、こういう事態になるけど、それでいいのか」ということを、きちんと追いつめて考える習慣が、私たちの文化の中でちゃんと定着していないことが問題なのだ。

わが国の公害や薬害への対策が欧米に遅れを取るのは、データを見れば、そして現時点で考えれば、当然「そうなる」という推論が導かれるはずなのに、当時はまだ世の中でそれほど問題になっていなかったということで、「そういう予想ができなかったのは残念だ」といって国や企業の責任者が平然と「弁明」することを、なぜか認めてしまう。こういう、「推論の甘さ」を容認する土壌はどこから来るのか――今すぐにでも、理科教育での「予想主義」は是正されるべきだ。

四、積み上げ・系統主義ではなく科学の生き生きした文化の営みを！

戦後の教育論争の中で、「問題解決学習」対「系統学習」の論争は、まさに天下を分ける大論争であった。戦後直後の生活単元学習では、戦時中の「詰め込み教育」への批判と反動から、日常経験を重視して、子どもの問題解決能力の育成こそが教育の重要課題だとする問題解決学習に対し、そんな日常生活の経験ばかりを取り上げるのは「はいまわる経験主義」であって、長い歴史の上に築かれてきた文化遺産をきちんと伝承するという、教育本来の責任が果たせない。やはり知識はそれなりに体系があり、その体系にしたがって系統的に、段階を追って教えられるべきだとする、系統学習との対立であった。理科教育についていえば、圧倒的に系統学習の考え方が主流となって今日に至っている。

しかし、ここであらためて考えていただきたいことは、まず、そうやって「系統的に」学んだはずの今日の大学生たちが、科学の「基礎」をきちんと身につけているのか、ということである。

実は、最近（といっても原著初版のころだから、一九八〇年代初頭）東大の教養課程の文科系の学生（当時東大では一次試験ですべての科類に「理科」が課せられていた）を対象に、中学校の力学の初歩的知識が「身についていれば」解ける簡単な力学の問題を20題ばかり与えて解かせたのだが、その結果はまさに惨憺たるものであった（二〇〇四年の現在、同じ調査をしたら、もっと「目も当てられない」結果になるだろう）。高度な受験問題は解けても、簡単な定性的問題（数値による答えを求めるのではなく、どういう事態になるかを予測させる問題）では、まるで物理的直観が働かないのである。彼らは、もちろん、小中学校を通して、「系統的に」教えられたはずの各段階を優秀な成績でクリアしてきているのである。ただ、各段階を「クリア」するたびに、前の段階はすっかり忘れ去って、次の段階をクリアする勉強に集中してきたのだ。

系統学習で忘れられてきたのは、科学というのが「知識の体系」というよりも、人びとの文化的な営みだということである。つまり科学というのは、知識の「データベース」ではなく、人びとがおもしろがり、大切にし、いろいろな試みをするという、生き生きとした文化の営みなのだ。最先端のことでも、「細かいことはよくわからないけど、およその感じはわかる」とか、「ものすごい基礎的なことだけど、疑ってみると、わからないことがいろいろある」とか、「ごく日常的でありふれたことの中に、すごい真理がひそんでいる」ことを認め合い、賞味し合い、語り合うという文化の営みなのだ。そういう「科学する文化」に誘うことを忘れてはいなかっただろうか。

科学というのは、ステップを踏んで段階を積み重ねるというものではない。何度も何度も基礎的なことにもどって味わい直し、その意味を再発見しながら、新しい突破口をさがしていく文化の営みである。そういう「科学する文化」——そこには、専門的科学者も、科学ジャーナリストも、趣味で何かに凝っている「シロウト科学者」も、あるいは日常生活の中で小さな発見をよろこぶ「科学好き」の主婦や子どもも含めた人びとの文化——に触れさせ、参加させるという教育が欠落していたのではないだろうか。つまり、科学という営み（確立された知識の体系ではない）のおもしろさ、すばらしさを共有し合うということが、学校の授業の中から抜け落ちていたのではないだろうか。

理科の「試験問題」解決能力は身につき、「理科ができる」子どもは育ったけれども、日常的な事象を「科学の目」で見ることの楽しさ、自分で科学的に考え、探究してみる喜び、「科学的な話」を互いに楽しむ会話、こういう「科学する文化」が失われてしまった。これをとりもどすのがこれからの理科教育の重要課題である。それにはまず何よりも、教師自身が「科学好き」であることをはっきり示し、科学の文化にどっぷりと浸ること、科学雑誌を楽しみ、学校外の科学の研究団体や研究機関とも交流し、素朴に日常生活を科学の目で見直す楽しみにふけることである（注1）。

子どもたちに科学的知識なるものを与えようとするだけでなく、味あわせよう、楽しませよう、参加させようと、働きかけていただきたい。

五、領域間の相互交流へ、対話する科学者へ

最近は大学の受験でも理系と文系が別れており、文系受験者は理科についてはまったく何も知らないというケースが増えている。さらに、理系の中でも、「領域」が細分化されて選択制が進んでいるので、ちょっと領域外のことになるとまるで何も知らないという学生が増えている。このように、多様なコースを用意して、生徒に早い内から選択させ、少ない科目に絞って勉強させるというのがこれからの教育の方向のようにいわれているが、これについては慎重に考えていただきたい。

今日の科学はまさに総合力である。量子力学と天文学、分子生物学と進化論、遺伝子工学と薬学、人工知能と言語学、などなど多様な領域間の相互交流のもとに新たに発展した科学が至

るところにある。このような時代に要求される「科学する」人たちは、異分野間で対話できる人である。すべての領域に詳しい必要はない。ただ、さまざまな領域での基本的な前提、方法論、問題意識などをきちんと理解して、そのうえで他領域間で対話する可能性を開拓できる人が望まれる。

領域を越えて対話するためには、それぞれの領域が「前提」を問い直し、なにかこれまでとは異なる前提から再出発しようという気構えが高まっている必要がある。さらに、ある領域での知見を再解釈し、人間の知の営みの共通項を抽出することが要求される。そういう他領域の知見を重ね合わせ、対話させ、その意義（implications）を抽出する訓練を学校教育に取り入れねばならない。

最近の科学は一人の「天才」が切り開くものではなく、まさにチームワークで研究される。そのためにも、共同研究のプロジェクトを進める実践も、学校でどんどん取り入れるべきである。もちろん従来も、「班」単位での学習が進められてきたが、先に述べたように、教師によって人為的に作られた「班」というのは、権力と差別の温床になりがちである。それよりも、問題意識を共有する自発的な研究グループが、討議を重ねながら、それぞれの立場や特技を尊重しあって追及することを大いに支援していくべきである。

そのような対話的学習を進めるには、学校で教科間での対話を、まず教師同士が始めるべきであろう。小さなシンポジウムを校内で開いて、先生方同士が語り合う場に子どもたちを参加させる、ということもできるだろう。

今日の国際化時代では、自分の研究成果を他人の前できちんと「わかってもらう」べく発表するというプレゼンテーション技術の向上、あるいは、インターネットなどを通して、他の地域の人びとと交流する技術の獲得というような、「対話する科学者」の育成はまさに急務である。

【引用文献】
（注１）佐伯　胖・藤田英典・佐藤　学編『科学する文化』〈シリーズ学びと文化　３〉東京大学出版会　１９９５年

第2章 わかり方のさまざま

1.「おぼえる」とはどういうことか（一）

一、「意味」の記憶研究

いまから約三〇年前、私が『「学び」の構造』（東洋館出版社）を出版したときは、当時の心理学がようやく「意味」の記憶を扱いはじめていたころであった。

人が文章や場面の意味をどのように記憶しているかについての研究がはじまったのは、一九七二年である。『「学び」の構造』の執筆は一九七四年であるから、意味の記憶研究がはじまってまだ二年足らずであったのだが、それでもその二年間に明らかにされた諸事実は、とても書き尽くせないほどのものであった。そこで、「記憶の心理学者がいよいよ『意味』を正面から扱いはじめてきている」というメッセージを、広く教育関係者に伝えたかった、というのが同書を執筆した動機の一つでもある。

「無意味」でない「有意味」性

それでは一九七二年以前には意味の心理学的研究は皆無だったのかというと、そういうわけではない。ただし、意味の扱い方がまるでちがっていた。それは、記憶すべき項目（単語や単語対のリストがほとんどだった）のもつ単なる特性、すなわち「有意味性」という実験変数ないしは、コントロールできない仲介変数とみなされていたにすぎない。それは「単語の文字数」や「リストの長さ」などと同列におかれていたものであり、刺激として「無意味つづり」や日常で見かける「有意味（無意味でない）」な単語を用いるか否かといった、それらが単語の記憶にどう影響するかという点にのみ関心がむけられていたのである。

このような考え方では記憶されるべきものは単語や単語の対連合であって、意味が記憶されるということ自体を心理学研究の対象とすることなど考えも及ばなかったのである。「意味」の記憶研究ができるし、やらねばならないし、その研究が実際に大変役立つことを示したのが補注(1)で掲げたTulving & Donaldsonの書とWinogradの書の二書に代表される研究であった。

ここで読者は疑問に思われるにちがいない。どうして一九七二年以前には、意味の問題が単語や単語対の「有意味性」という実験変数としてしか扱われていなかったのか。また、どうしてそれが一九七二年ごろになって意味そのものの記憶研究がはじまったのか。

それは次のような理由によるのではないかと思う。

伝統的な学問の区分からいえば、意味というものは哲学が扱うべきもので、心理学の研究対象にはならないとされていた。「意味とは何か」という問いは、哲学者が論究して答えるべきものであり、心理学では、学習とか判断、それに記憶を研究するものとした。ここですでに、記憶は意味とはちがうものとされ、いわゆる「暗記」、「復唱」などの行動を扱うものと限定していたのである。

さらに、心理学は一応哲学から分離した科学であるから、外から観察されることしか研究できないと考えられ、結局のところ、どれだけ正確に暗記したかを観察し、そのデータをもとに語れることのみを研究課題としてきたのである。したがって、「意味」は単なる実験変数か、もしくは、実験データの説明に用いるパラメータ（仲介変数）の一種とされてきたのである。

意味を研究するとは

ではどうして意味そのものの記憶研究が一九七二年ごろからはじまったのか。どうしてそれが（哲学ではなく）心理学として研究できるようになったのか。

私の考えでは、心理学が「意味」を研究対象とするに至った背景は、十九世紀末にパース（C. S. Peirce）によってはじめられ、アメリカの心理学者ジェイムス（W. James）やデューイ（J. Dewey）によって広められたプラグマティズムの伝統が、新しいコンピュータの発達、とくに、人工知能研究に刺激を受けて、みごとに復活したと考えるのである。（この「刺激を受けて」といういい方の意味するところはここでは書き尽くせないほどのものである。当面、読者はここで私が、「人工知能研究が心理学研究にとり入れられた」とはいっていないことに注意していただくだけでよい）。簡単にいってしまうと次のようになろう。

コンピュータの発達にともなって、人びとがコンピュータにやらせようとしたことの一つとして、日常言語でコンピュータと対話し、質問応答するコンピュータをつくり出すことであった。ところが、コンピュータ言語でなく自然言語でコンピュータと対話できるようにしようとした途端、自然言語で入力される文や文章などの意味をコンピュータが抽出しなければならなくなる。

そうなると、「意味とは何ぞや？」などと哲学的に論考しているだけではどうにもならず、ともかくも、「意味を理解して応答している」と思わせるような結果をコンピュータに出させるための暫定措置として、意味の抽出過程やコンピュータ内での意味の表現形式を考え出さざるをえなくなり、さまざまな理論的提案がなされはじめた。そこには、チョムスキーやフィルモアらのアメリカの言語学者も加わり、文や単語の意味、文法構造などの表現形式がいろいろと提案されたのである。

それに刺激されて、心理学者たちが、長い間扱いあぐねていた意味そのものの研究が、「なんだ、ああいう風に表現していけば、意味の記憶の研究ができそうだ」と思いついたのである。それが一九七二年ごろのことであったともいえよう。

もちろん、心理学者が「人工知能研究」そのものをそっくりとり入れたわけではない。むしろ、刺激を受けて、ジェイムス以来のプラグマティズム心理学、機能主義心理学が、みごとに復活したのだといいたい（この点を十分論じるゆとりはいまはない）。私たちはコンピュータや人工知能研究に刺激を受けたし、今後も受けつづけるだろう。しかし、私たちはコンピュータの研究をしているわけではないし、人工知能の研究をしているわけでもない。私たちはあくまで、人間を研究しているのである。

それでは一九七二年に復活したという、プラグマティズム心理学の伝統をくむ新しい「意味の心理学」は、「おぼえる」ということについてどのような知見を、現場の教師諸君や教育研究者たちに提供しているのだろうか。とくに二一世紀に入ったこの二〇〇四年において。

二、記憶の「深さ」とは

「おぼえる」とは「取り出せる」こと

ものごとを「おぼえる」ということは、頭の中に「しまいこむ」ことだと考えられやすい。人が何かをおぼえよう、おぼえようとすることは、頭の中に知識をつめ込み、押し込み、脳裏に焼き付けておこうということのように思われるだろう。

ところが、本当のことをいうと、人が「おぼえる」ためにしていることの大部分は、「頭の中にしまいこむ」ことではなく、むしろ、「頭の中から取り出しやすくする」ことなのである。あるいはこういってもよい。人がものごとを「おぼえられない」とか「忘れてしまう」のは、頭の中にしまいこむことの困難さに起因するよりは、「頭の中から取り出せない」ことに起因すると考えたほうが当たっているのである。

もちろん、「おぼえていない」ことや、「忘れた」ことのすべてが、「取り出せない」ことに帰着するわけではない。たしかに、人間には、見れども見えず、聞けども聞こえず、ということがあり、「頭の中」どころか、目の中、耳の中にすら情報が「入らない」ことがある。この問題は、一般には注意（アテンション）の問題とされており、本節では扱いきれないので除外させていただく。本節では、十分な注意がむけられているにもかかわらず、「おぼえられない」という事態を考えることにしよう。

手がかりをつくる

これをおぼえようと、十分な注意をむけているとき、人が頭の中でしていることは、「あとで思い出せるような手がかり」を頭の中でつくり出していることなのである。うまい手がかりがつくれれば、よくおぼえられる。下手な手がかりをつくると、さっぱり思い出せず、本人は「おぼえていない」と感じる。

記憶の手がかりには、「深さ」（専門的にいえば「処理水準」）のちがいがある。「浅い」手がかりというのは、いわゆる「感覚レベル」での特徴づけである。パッと見たとき、聞いたときにすぐ気づく特徴、とくに物理的な特徴である。もっとも、言語的情報は自動的に音声信号に変換されることが多いので、音声信号上の特徴として浅い処理が進行することが多い。

中程度の深さの処理は、既有知識を利用して、入力情報に枝葉をくっつけるのである。よくある「暗記術」の類のほとんどはこの種の手がかりづくりである。奇抜なイメージと連合させたり、調子のよい語呂《ごろ》合わせに埋め込んだり、自分がよく知っているものごとと結びつける。どんな人でも、こういう「枝葉をつける」練習をすれば、いわゆる「記憶力」は高まる。しかし、それには「おぼえるべきこと」の種類が限定され（数字の列、相互に関連のない単語リスト、長い意味不明の文章など）、しかも、それぞれの種類に応じて、全く別々の「手がかりづくり」を工夫しなければならない。たとえば、無意味数字列の暗記術と、バラバラな単語リストの暗記術とは異なる。また、こういうやり方で「おぼえる」ことというのは、文字通り「丸暗記」であり、意味も何も関係なく、見た通り、聞いた通りのそっくりそのままである。内容や意味をおぼえようというのではない。表面的に「そっくりそのまま」に近ければよいのである。

深い処理というのは、入力情報に枝葉をつけるのではなく、入力情報そのものを加工してしまうのである。入力情報をカテゴリーごとに分け直したり、抽象化したり、要約したり、いい直してみたりしておぼえるのである。これはかなりの積極的な努力を払わなければできないこともあるが、比較的容易に、ほとんど自動的にできることもある。よく慣れ親しんだ領域では、こういう深い処理がさほどの苦労もなくできるが、全く新しい領域のこととなると、むしろ、「中程度の処理」にとどまることが多いだろう。

さて、以上が一応「従来の」記憶研究、とくに「処理水準」という考え方を中心とした記憶心理学のごく簡単な説明である。心理学的実験事実を積み重ねながら、手がかりづくりとしての記憶、処理水準の深さに依存した記憶形態が明らかにされてきたのである。

ここで、「復唱（リハーサル）」についても一言述べておこう。

何も考えないで、ただひたすら頭の中でくりかえすリハーサルは、短期間の情報保持にはよいが、それ以上のものではない。「それ以上のもの」にするには、リハーサルをしながら、さまざまな深い処理を行うことが必要なのである。かけ算の九九でも、何度もリハーサルをしながら、頭の中で「サンシ12とサンシチ21が混同しやすいのは、三×四と三×七が似た音だからだろう」とか、「偶数が含まれると答えは必ず偶数だが、奇数は奇数同士のときにしか出てこない」とか考えている。そういう「いろいろなことを連想したり、吟味したりしながら復唱する」ということが、丸暗記を丸暗記以上のものにして保持させてくれるのである。

ところで、最近になって、情報処理水準の考え方とは若干異なる、大変注目すべき研究の流れがはじまっているように思われる。それは次に紹介するアメリカの心理学者J・D・ブランスフォード（J.D.Bransford）らの研究である（補注(2)）。

「事態の必然性」の納得

まず、次の単文を読んでおぼえていただきたい。

①背の高い人が花火を買った。
②はげ頭の人が新聞を読んだ。
③ふざけた人が指輪を好んだ。
④腹のすいた人がネクタイを買った。
⑤背の低い人がほうきをつかった。
⑥力の強い人が本を流し読みした。

さて、右のような文をおぼえるとき、従来の情報処理水準の考え方からすれば、たとえば、①ならば、ジャイアント馬場がおまつりの夜店で花火を買っている場面を連想する、というような「手がかりづくり」が効果的だということになる。あるいは、「背が高い」というのがどういう意味か、身長一七〇センチ以上の人か、一六五センチではどうか、などと考えたり、「花火」にはどんなものがあるか。線香花火か、ロケット花火か。花火をして遊んだ過去の経験は？といったことを考えておくのがよい、というしだいである。

ところが、ブランスフォードらは、従来の「手がかりづくり」とはまるで考え方の異なるアプローチを提案している。それは、①でいうならば、「そもそも、どうして背の高い人が花火を買ったのか？」を考えるのである。なぜ背の低い人や太った人ではないのか。どうしても背の高い人でなければならない必然性をもつ事態を考えるのである。たとえば、おもちゃ屋さんの棚の一番高いところに置いてあった花火を、背の高い人がひょいと取って買ったという事態を考えてみることもできよう。

同様に、②は、はげ頭の人がカツラの広告を見るために新聞を読んだ、としてみる。③は、ふざけた人が、水鉄砲つきの指輪を買ったとか。④は、腹のすいた人がレストランに行くためにネクタイを買った、としてみる。⑤は、背の低い人が高い位置にあるスイッチをつけるのにほうきをつかったとする。⑥は力の強い人がボディ・ビルの本を流し読みしたと考えてみる。

ブランスフォードらは、人がこういう「必然性のある事態（状況）」を想い浮かべることによって、記憶が飛躍的に向上することを実験的に明らかにしたのである。こういう必然的事態を、実験者がつけ加えた文をおぼえさせると（さきの文よりも「おぼえるべき文」の長さは増加するにもかかわらず）、記憶の再生は飛躍的によくなる。

さらに、そういう必然的な事態を自ら考案して補うようなトレーニングをすることによって、すぐに自分でも「必然性」をつくり出せるようになり、それによって結果的には、記憶の再生が向上することも示している。（この場合のトレーニングは、「主語の入れかえ法」である。つまり、「この場合、どうして背の高い人でなければならないか。背の低い人ではダメだという理由を考えよ」といった類のものである。）

ところで、この「もっともらしい、必然性のある事態」をつくり出したり、理由や根拠を考え出したりすることは、単に、「よくおぼえる」ためだけのことだろうか。それとも、ブランスフォードらの研究は、「よくおぼえる」ということが、実は、「わかる」、「納得できる」ということと不可分であることを示しているのだろうか。

「読解力」の正体

ブランスフォードらによると、読解力の低い子どもたちの多くがもつ特徴は、それが国語の読解であれ、算数の文章題であれ、理科の説明理解であれ、子ども自身が自分で「もっともだ」と納得できるように文章を精緻化（エラボレート）することをしようとしないのだという。つまり、「どうしてそうでなければいけないのか」の必然性をさぐったり、その理由を推察したり、「他のことではどうしていけないのか」という他の可能性を排除しようとしたり、というような、積極的なはたらきかけを自分からしようとしないのである。

読解力の低い子どもでも、そのような「もっともだ」と思える理由をつけた文章の記憶は高い（さきにあげた①から⑥に対する改良文のように、背景情報を補った文の再生度は高い）。しかし、ものごとを説明する文章を示したとき、少しでも理由づけや根拠を自分で考えてみればわかるのに、そのような理由づけや根拠を明示していない文章を与えると、自分でそれらを補おうとしないで、文字通り「字ヅラ」のみを何度も読んでいるだけである。

一方、読解力の高い子どもは、自分で理由づけや根拠を補おうとするため、読解に要する時間は成績の低い子どもより長いけれども、「なるほどそうだ、さもありなん」という実感を得たものについては、きわめてよく理解しているのである。

それでは読解力の低い子どもに、文章を読解していくときに自分で根拠や理由づけを考え出して精緻化するように教えたらどうだろうか。ものごとの必然性をさがし出し、自分で考え出してでも、それなりに「納得」するようにということをさまざまな指示によって訓練すると、読解力の低い子どもたちでも、「納得」を得るまで与えられた文章を自分で精緻化するようになるという。何といっても、「おぼえよう、おぼえよう」とだけ考えていたときとくらべて、「どうしてそうでなければいけないのか。他のことではなぜダメか」などを考えるほうがはるかによく記憶できるという事実は、彼らにとってはまさに「発見」であり、おどろくべき体験のようである。

一般に、読解力のない子どもは国語以外でも成績が振るわない。そのため、よくいわれることは、「国語はすべての教科の中心だ」とか、「国語の力、とりわけ読解力をつければ、他の成績もよくなるはずだ」ということである。

ブランスフォードらの研究は、このような考え方には重大な穴があることを示している。つまり、文章の読解力の正体は、「ことばの知識」や「文法の知識」、さらに、「文章構成や段落の知識」よりも、もっともっと根本的なところにある、ということである。つまり、与えられた状況に対し、受け身でそれをまるのみするのではなく、「どうしてそうなのか。どうして他の◯

○ではダメか。なぜ、そうならざるをえないのか?」という事態の必然性に対する関心をもつことこそが、「読解」の基本であり、「おぼえること」の本質だということである。そういう「世の中のできごとにはすべて何らかの必然的な根拠があり、それをさぐり出してみることが必要だ」と思うこと。また、表面にはあらわれていなくとも、背後にはきっと何らかの「かくあるべくしてかくある」根拠があることを想像してみること。こういうことが、「読解力」の正体だという。それならば、これは「読解力」の正体というよりも、「理解」ということの正体そのものではないだろうか。

成績の振るわない原因が「読解力」にある、というよりも、すべての原因が「理解への志向――わかろうとするはたらき」にあり、それが「読解力」にも大きな差をつけている、と考えるならば、根は大変深いところにあるといわなければなるまい。

三、メタ記憶とその発達

「おぼえる」ということについての何らかの意識や意図的なコントロールのことを「メタ記憶」(記憶についての認識)と呼ぶ(補注(3))。大きく分けて次の三種類がある。

(1)「おぼえる必要性」の自覚

(2)記憶の難易判断とその要因の自覚

(3)「おぼえているか否か」の自覚

(1)「おぼえる必要性」の自覚

何かについて、「これはおぼえておこう」という意図をもち、そのために何らかのアクションをとるということは、かなり小さな幼児にも観察されている。四歳ぐらいの子どもにでも、「あとでこのお兄さんがどのおもちゃを指さしたか当ててもらうから、よく見ててね」といってテレビ画面で「お兄さん」がいくつかのおもちゃのうちの一つを指さし、あとで当てさせると必要な場面への注目が見られ、後にはかなり正確に当てられる。

ところが「あとでこのお兄さんがみなさんと遊んでくれますよ」といわれた場合には、どのおもちゃを指さしたかおぼえていないし、さらに、「ここをおぼえておこう」とするアクションはどこにも示さない。

(2)記憶の難易判断とその要因の自覚

小学校四年生ぐらいになると、いくつぐらいの項目ならば（一度カードをじっくり見るだけで）おぼえられそうかについて、大人なみに正確に予想できる。四年生以下になると、自分がおぼえられそうな項目数について、かなり楽天的になり、幼稚園児や保育園の子どもたちは、自分の能力のほぼ倍ぐらい「おぼえられると思う」項目の数が増大する。ところが彼らでも、幅跳びでどのぐらいまで跳べるか等の実生活での自らの能力予測はかなり正確である。また、「同じクラスのおともだちならどのぐらいおぼえられるか」と聞けば、かなり現実に近い予測ができる。幼稚園児でも、記憶の再生は再認より困難なことを判断できるし、小学校低学年になると、文の記憶について、字句をそのまま丸暗記するほうが文の意味を正しく記憶するよりむずかしいことを知っている。

一方、六、七歳の子どもでも、長い単語リストは短い単語リストよりおぼえにくいことを知っている。しかし、意味づけやカテゴリーによる分類のしやすい単語リストはバラバラな項目のリストよりおぼえやすいということは、なかなかわかる子がいない。

(3)「おぼえているか否か」の自覚

小学校へ入る前の子どもに、本人が記憶できる範囲の単語リストを与えて、「完全におぼえたらベルで教えてください」といってもムダである。彼らは「おぼえているか否か」のモニターが全くきかない。

小学校二年生ぐらいになると、「おぼえるまで」練習し、「もういいよ」といったときは大抵おぼえている。

また、小学校三年生になると、「おぼえていた単語」だけを自分で選び出して、集中的におぼえようと努力できる。それ以前の子どもには、一つ一つの項目について「まだおぼえていない」

か「もうおぼえた」かのちがいの自覚がないため、「おぼえる」ための方略の利用がほとんどない（小学校の一、二年生では、復唱によって記憶を高めるという方略すら、自発的に用いることは少ないといわれている）。

四、メタ記憶は教えられるか

ものおぼえの悪い子どもに、「おぼえることの必要性」を自覚させ、記憶の難易判断ができてその要因を認識させ、自分がちゃんとおぼえているか否かをつねに監視《モニター》させることができれば、ものおぼえのよい子どもに変えることができるのではないか？　とくに、自己の記憶状態に注意をむけたり、どういう方略を用いれば「よくおぼえられるか」をしっかり教え込めればよいのではないか。

ごく最近まで、そのようなメタ記憶や記憶方略の外的教授は労多くして効少ない試みであるという結論に落ち着いていた。たとえば、復唱法（リハーサル）によって記憶の保持力が高まることをいくら示しても、しかるべき年齢に至っていないならば、自分からリハーサルを利用していろいろなものごとの暗記を容易にしようと自発的に考えたりはしない。別種の記憶課題を与えれば前と同様、何もおぼえていないのに「もうおぼえたよ」といい出す。

ところが最近、アメリカの心理学者ブラウン（A. Brown）たちの行った実験では、教育可能遅滞児（精神年齢8歳）に、次のような学習方略を単語リストの暗記について数日間にわたって訓練したところ、一年後にも同様の学習方略を用いて同様の課題をこなし、さらに、「文の大意をつかむ」（gist recall of prose）に対しても転移できていることを示している（補注(4)）。

訓練された学習方略というのは、

(イ)少しずつ「いままでのところを復唱してみる」ことをしながら前へ進むこと

(ロ)自分がその時点までの項目はしっかりおぼえているかどうかを考えて、自分でテストしてみること

(ハ)もしも、まだおぼえていないことがわかったら、もとへもどること

などである。要するに、自己テストを行うことであり、テスト前に自己評価が正確にできるように自分自身の記憶状態に注意をむけさせ、同時に、リハーサルや予想法（次の項目の予想をしながら学習を進めていくやり方）を教えたのである。

ブラウンらの「メタ記憶訓練」は、かなり長期間にわたる、徹底したものであり、教育可能遅滞児（EMR）を対象とする長年の研究成果でもある。現場の授業に安易に応用してすぐ成果のあがることを期待してもむりだろう。（これまでの数多くの研究がメタ記憶の教育の困難さを証拠立てているから。）

五、「おぼえる」ことと「わかる」こと

「おぼえる」ということは、人間生活の自然な営みの中で考えれば、本来はそれ自体を目的とするべき作業ではない。

「おぼえるためにおぼえる」というのは、単なる「ものしり博士」の見せ物でしかないだろう。どうでもいいようなことまで何もかも、微に入り細にわたっておぼえ込んでしまうというのは、かえって気味悪く、人間味がないとさえいえよう。

本来は、「おぼえる」ということは、「わかる」ということと結びついているべきことなのである。私たちは、ものごとを「わかろう」とするときに、結果的によくおぼえることになるのだし、また、よくわかるためには、必要なことをよくおぼえておかねばならない。このことは、常識的なことばでいってしまえばいたって簡単なことなのだが、このことを「心理学的」に、はっきりした実験事実をもとにして語ることは、決して容易なことではなかった。

さきにあげたブランスフォードらの研究は、人が「おぼえよう」とするのではなく、「わかろう」とすることによってかえってよく記憶できるということを示した研究である。

また、メタ認知に関する数多くの研究も、メタ認知が形成されるから記憶力が高まるというよりも、子どもが自分をとりまく社会や文化の文脈性の中で、これは大切なことだ、と痛感し、

自分が外界にどうはたらきかけるかが重要なことだと自覚したときに、メタ認知が明瞭になり、それによって、よく記憶ができるようになることを示しているように思われる。「おぼえる」ということと「わかる」ということの結びつきに関する研究は、まだはじまったばかりである。

補注

(1) E. Tulving & W. Donaldson (eds.), *Organization of Memory*, Academic Press, 1972及びT. Winograd, Understanding natural language, *Cognitive Psychology*. 1972, 3, 1-191. の発表年を区切りと考えたい。この二書(Winograd 論文も直ちに単行本となっている)ほど大きなインパクトを与えた著書は近年まれであるといえよう。

(2) Journal of Experimental Psychology : General, Vol.III ,,No. 4, 1982にJ. D. Bransfordたちが四つの論文を同時に発表し、文や文章の記憶における「意義づけ」活動の重要性、学習不振児への教育等についての新しい考え方とその実験的検証を報告している。ぜひ一読されたい。

(3) メタ記憶とその発達に関しては、次の著書がきわめて読みやすく、また、内容も充実している。R. Keil, The *Development of Memory in Children*, W. H. Freeman, 1979.

(4) Brown, A. L., Campione, J. C., & Barcley, C. R., Training self-checking routines for estimating test readiness:Generalization from list learning to prose recall, *Child Development*, 1979, 50, 501 - 512.

2.「おぼえる」とはどういうことか（二）

一、日常言語としての「おぼえる」

前節で紹介した記憶心理学の最近の成果は、記憶という心的作業が、私たちが通常「おぼえる」ということばで想像するイメージとはずいぶんかけ離れたものであることを明らかにしているであろう。

このことは大変大切なことであるにもかかわらず、私たちは日常生活や教室の中で「おぼえる」ということばをつかうときは、ついつい、日常言語のもつ「おぼえる」ということばのイメージにひきずられてしまいがちである。そこで今回は、日常言語でいう「おぼえる」ということばの意味を分析しながら、心理学で明らかにされた記憶過程に関する諸事実とどう関係するかを論じてみたい。

さて、一般に教室の中で、

「このことをおぼえなさい」

というとき、先生はどのような意味で「おぼえる」ということばを用い、子どもはそれをどのような意味と解釈するだろうか。たとえば、「意味など考えないでおぼえなさい」という場合、これは明らかに、「おぼえる」ということが「意味を考える」ということとは無関係、もしくは対立関係にあることばとして用いられている。「おぼえてから考えればよい」とか、「大切なことを箇条書きにしておぼえましょう」という場合も、「おぼえる」ということを、考えることや大切さを理解することとは異なるプロセスとみなしていることの反映であろう。

「しっかりとおぼえておきなさい」

という場合は、「おぼえる」ということが、知識を脳裏に焼き付ける作業とみなされており、その焼き付けの程度に、濃いうすいのちがいがあるかのように考えられているのである。

「さっさとおぼえろ」

というように、「おぼえる」という作業がきわめて簡単で、容易なことと考えられていることもたしかであろう。

次に、教室で先生が、

「このことは、あとでつかいますから、いまのうちによくおぼえましょう」

という場合には、「おぼえる」ということが整理ダンスにしまいこむように、他との関連性のない形で貯蔵できて、後に、必要に応じてそっくり取り出せるものと考えているのであろう。

前節をお読みの読者ならば、右のような「おぼえる」ということばのイメージが、記憶に関する心理学的事実と、およそかけ離れたものであることに気づかれるであろう。

まず第一に、本当におぼえるということは、深い浅いのちがいはあるにせよ、何らかの意味を取り出すか、もしくは新たに付与した上で、頭の中に入れるのであって、入ってきた情報を何の関連もなく、いきなり頭の中へしまいこむことはできないのである。

「しっかりおぼえる」ということも、いわゆる記憶の痕跡を強めるというような単純な話ではない。前節のブランスフォードらの実験が示す通り、理由づけ、必然性の解明、関連づけ、等の意義づけ活動によって、結果的によく記憶にとどめられているのである。したがって、意味づけプロセスを全く無視して、ただ単に「しっかりおぼえる」ことを指示しても、子どもにしてみれば、どうすればよいのか皆目見当もつかないのである。このように、「おぼえる」という作業は、本来は大変困難で複雑な作業のはずなのである。

ところが、多くの先生方が、陥っておられることは、次の二つのタイプのうちのいずれかではないだろうか。

「きまり」焼き付け型

授業というものは、子どもたちのもっている知識のあいまいさや誤りを除去し、単純明快なルール、すなわち、ものごとの「きまり」を抽出して、それをおぼえ込ませるところであり、それを効率的に行うのがすぐれた教師である、と考えているタイプ。子どもたちがそういう「きまり」をしっかりと脳裏に焼き付けて（「定着」させて）くれれば、授業は大成功と考える。

ごちそう消化型

授業というものは、先生が用意した「教材」というおいしい料理を、クラス全体で味わい、かみしめ、消化吸収することである。「おぼえる」などという味気ない作業は、授業とは無縁である。特定の型にあてはめようとすることものぞましくない。生き生きと、のびのびと、活発に子どもたちが発言し、活動することこそ大切である。

授業の成果は、子どもたちが消化吸収した「教材」について、どれだけ「おもしろかったと思う」か、「感動した」か、「もっとやりたいと思う」か、というような、子どもたちの心の快適さによって評価されるべきだ。細かいことは忘れてしまってくれたほうがいい。血となり肉となって身につくのは、「考え方」や「態度」であって、その内容はことばで再生できるものではないはずだ。

むしろ、暗記された知識の寄せ集めでない、本当の「実力」が身についているはずだ、というように考えるのである。ここでは、記憶とか暗記はさげすまれるべきこと、忌みきらうべきことなのである。

きまり焼き付け型とごちそう消化型とは、一見対立しているようであるが、「おぼえる」ということに対する誤解の点では共通している。誤解して特徴づけた「おぼえる」という作業を、一方は「これこそ大切だ」とし、他方は「それこそ非教育的な、非人間的なことだ」といっているにすぎない。

知識の獲得過程に、はっきりとした「きまり」を脳裏に焼き付けるプロセスと、知識を活用し、意味を味わう中で自然に身につく（血となり肉となる）実力というものがある、という二分法は、「おぼえる」ということへの根本的な誤解――とくに、日常言語で用いられている「おぼえる」ということばのイメージにひきずられた誤解――に根ざすものである。

二、なぜ「おぼえる」のか

きまり焼き付け型対ごちそう消化型が犯している誤りの根本は、「なぜ人はものごとをおぼえるのか」への考察と配慮が欠落していることにある。

「おぼえる」ということを「意味を考える」とか、「意義づける」ことと切り離していた古い「記憶心理学」の誤りも、やはりこの「人はなぜおぼえるか」への考察の欠如からくるものであり、とにかく「おぼえる」という心的作業が、状況や目的と切り離して、ひょいと存在していると仮定していたのであった。

私たちはものごとを「おぼえる」ときに、「おぼえる」という作業自体をモニターしたり、コントロールしたりするはたらきが自然にわき起こる。これは、おそらく、人間の「なぜおぼえるか」への関心から、ごく自然に発生する知的営みとしてそうなると考えられよう。

「おぼえる」という活動の目的や意義のちがいに応じて、おぼえ方のちがいが発生するのである。ところが、それを、その「おぼえ方」の方略だけを目的や状況の認識と切り離して取り出し、記憶方略（メタ記憶的知識）として、それを「定着」、「焼き付け」、「ハメ込み」として「おぼえさせよう」という試みをしても、なかなか成功しない。

前節で紹介したメタ記憶訓練の実験が比較的成功したというのは、私から見れば、「おぼえるべきこと」の状況理解と「おぼえること」の受諾（納得）を経由しているにちがいないと思われるのである。そうでなければ、活動スキーマとしては全く異質の「大意をつかむ」（gist recall of prose）ことまでがよくできるようになることの説明がつかないではないか。

人がものごとを「おぼえる」のは、決して単に「おぼえる」こと自体が目的なのではない。このことを「おぼえる」ことが、何らかの意味で将来役に立つことが何となく感じられるとき、それを「おぼえよう」とする。「おぼえる」という活動では将来どういうふうに役立つのかへの「予感」に従って、おぼえるべき内容を変形し、操作し、意味づける。また、将来その「おぼえたこと」を必要なときに取り出せるように、内容をまとめあげ、符号化するのであろう。

したがって、「おぼえよう」という意図は、「わかろう」という意図、「わかろうとする活動」の中で位置づけられており、そのかぎりで、深くおぼえることができるのである。浅く、その場かぎりのおぼえ方をする人は、もともと「わかろうとすること」の内容が、浅い、表面的なことだけであり、将来活用しようという意図が全くなくなっているのである。また、たとえ知識が将来活用されるとしても、きわめて浅い内容だと「予感」しているからであろう。

こう考えると、「きまり焼き付け型」の先生が、ものごとの「きまり」を一般ルールとしておぼえさせようとし、子どもがそのようにおぼえるのがのぞましいとするとき、それは「知識の利用」というものについて、状況や文脈、ものごとの意味や目的の下での納得を無視した、シャクシ定規の「ルール適用」こそが正しいと考えているのである。

それに対し、「ごちそう消化型」では、すべての知識は状況や文脈に依存したものであり、一般ルールなどというものはないという考えに近い。したがって、文脈と切り離された「きまり」を「おぼえる」という活動は極力避けて、状況の中での真実性や有効性を、経験を通して発見したり、思考の方略（考え方）として課題を解決していくとき本当の実力が、自然に身につくはずだと考えているのである。

ただし、この場合に、本来自然に身につくはずの「思考の方略」を取り出して、それを「おぼえる」というのでは、せっかくの「ごちそう消化型」が「きまり焼き付け型」になってしまう。残念ながら、過去の「問題解決学習」や「発見学習」は、そのような誤りに陥ってしまっていたが、それというのも、「定着」＝「おぼえる」＝「身につく」といった短絡的発想が人びとの心の中に巣くっていたからではないだろうか。

このように、「おぼえる」という活動は、私たちが「わかろう」とするはたらきと密接につながっており、どういうことが「わかる」ということなのかについての考え方のちがいによって左右され、深くおぼえたり、浅くおぼえたり、全くおぼえなかったりという結果が生み出されるものだと考えられよう。

三、「熟達」と記憶

ものごとに熟達していくということと、それについての知識を多く、しっかりと記憶していくということとは同じだろうか。

これに答えようとするときも、私たちは再び「おぼえる」ということばのもつ日常言語的誤解とたたかわねばならない。つまり、おぼえるということは、目や耳から入ってきた情報を、入ってきたときの形態そのままで頭の中にしまいこむことではなく、「おぼえる」という活動そのものが、どういうことを「わかろう」とし、何に関して熟達しようとするかに応じて知識の再構成をしていくことなのであって、本人の目ざす熟達へむけてより効率的に知的活動が営まれるべく、知識を変容させていくことなのである。

それでは、「おぼえる」ということと、「熟達する」ということとは全く同じことかというと、そういうわけではない。それは、「おぼえる」という活動のちがいよりも、むしろ、「熟達」ということばの内容がいろいろあり、それに応じて、「おぼえる」活動、すなわち、知識の再構成活動が異なるのである。

「熟達」ということの一つの側面は、情報処理過程（思考過程といってもとりあえずはよいだろう）のムリ、ムダ、ムラを省く、という面である。短絡化といってもよい。いちいち考えないでもパッとできるように、習慣化し、自動化していく面である。このような側面は、新しい土地に引っ越して駅までの道程をいろいろ試したあげく、最短コースを見つけ出すことに似ている。「こうやるのがもっとも効率的だ」ということがわかれば、他のことは全く不要なこととして脱落していくのである。

短絡化的熟達が進行していくというのは、その人に課せられる問題状況（あるいは、その人が関心をもって解決しようとする課題状況）がつねに一定であり、ある領域内に限定されている場合にかぎられる。むしろ、課題状況を特定領域に限定していくと、自然に、短絡化的熟達が進行するといってもよいだろう。

その場合、短絡コースを「教えられる」か「自分で発見する」かのちがいはさほど問題ではないだろう。ひとたび、「そうやるのが便利だ」とか、「そう考えるのが有効だ」ということさえわかれば、理由や根拠と切り離して、思考の短絡化が進む。

「分数で割り算をするときは、分子と分母をひっくりかえしてかけよ」といったルールは、そうやると答えがすぐに求められるから、というだけで、短絡的に熟達していくだろう。

熟達のもう一つの側面は、「原点もどし」と私が呼ぶスキルの熟達である。ものごとの根拠をすばやく見いだし、本質を見抜き、前提を掘り起こすことに習熟するのである。これは、さきに述べた短絡化的熟達とは全く異質のものであり、ナイーブに、「当たり前のこと」を問い直して、確かにもっともだと実感できる原点まで問題を掘り起こすプロセスである。

この「原点もどし」は、「おぼえる」という活動とは異質のものである。日常言語的な解釈においても、記憶心理学的解釈においても、「原点にたちかえる」という活動は、「おぼえる」ということではない。また、与えられたものごとを既有の知識（スキーマ）と照合して、マッチしているか否かを考えるという思考観でもない。むしろ、スキーマの組みかえ、新しい領域への発展と拡大のための活動である。根拠は何か、他の可能性はないか、視点を変えてみるとどうなる、……といったような「吟味の問いかけ」に習熟するのである。

ただ、ここでも注意しておかねばならないのは、第二の熟達（原点もどし）自体は、じつは「技能」として取り出せるとはかぎらない（たぶん無理だろう）という点である。

第一に、原点もどしはいくつかの短絡化的熟達がいろいろ進行していった上ではじめて発生するのである。

第二に、原点もどしは状況依存的である、ということである。原点にたちもどって考えるということ自体の必然性がなければならず、それは与えられた課題や、本人の関心事、他人からのヒントなどによって、その状況の中で、触発されるべきものなのである。具体的で個別的で、確かにそうだと実感できる世界でなければならず、それだけに、一般的な抽象化のされえない世界である。したがって、「原点もどし」は、「原点にもどる」という個別的な経験の積み重ねで習熟するものであって、そのための「技能」を一般化して取り出すことはできない。

人はつねに「短絡化」と「原点もどし」との両方を習熟させながら「熟達」の域に近づくと考える。

四、「おぼえる」ことはダイナミックなプロセス

「おぼえる」と単純にいっても、その「おぼえる」心的活動は深さ、内容、情報の変形やまとめ方で多種多様のちがいがあり、人がどのようなことを「おぼえる」かは、なぜおぼえる必要があるか、どうおぼえておくとよいのかを、私たちの状況や背後の文化、他人との相互交流のもとで決定される。

そういう「おぼえる」という活動の位置づけ（文化的・社会的位置づけと、本人の「わかる」活動の中での位置づけ）にともなって、メタ記憶（おぼえるための方略）が自然に生まれ、それが「おぼえる」ということの内容を決定するのである。

おぼえたことを忘れない、というためには、なぜおぼえるのかの意義を納得し、状況の変化、領域の変化に応じて知識を適切に活用していかねばならない。

そのような活動の中で、「おぼえたこと」は自然に変化し、本当の意味で「わかる」ということに貢献できるようになっていくはずである。

「おぼえる」ということは、このように、絶えず変化していくダイナミックなプロセスと考えなければなるまい。頭はつねに活動しており、とどまることがない。頭の中では、知識がつくり直され、穴が埋められ、関連づけられているのである。

しかし、もっとも重要なのは、吟味するということと、原点にたちかえる、ということだけは「おぼえる」という活動と同一視できないことである。「おぼえる」は短絡的習熟を促すが、原点もどしはむしろ、「短絡」をこわそうとする。私たちはいったん現実から一歩引き下がって、「これでいいのか?」と問い直すときに原点もどしが生まれる。

「わかる」ということは、このような「短絡化」の進行と、「短絡化をさまたげる」原点もどしの両輪の上で動くことである。

わかる、ということは、「わかってないのじゃないか」という問い直しと、「要するにこういうことか」というまとめ上げの両側面を同時にもっている。そして、記憶(「おぼえること」)は、まとめ上げを効率化しつつ、問い直しをより深く、有効なものとすることへの援助となるものであろう。

3.「見える」とはどういうことか（一）

一、「見えて」いるのに見えない

『サイエンス』の昭和五十八年七月号に鳥居修晃氏（現東京大学名誉教授）が書いておられる論文を読んで、ショックを受けた人は多いにちがいない。そこでは、生まれながらにして盲目であるか、あるいは幼児期に失明した人が、開眼手術を受けて、生理学的には「見える」はずの状態になっても、現実にものが見えるには何年も、否、何十年もかかる、ということが、いろいろな実際のケースをもとに興味深く解説されている。

冒頭にカラーで出された一ページ大の絵は、「だれかの抽象画か？」と思わせるものだったが、それが何と、開眼後ほぼ二十年経った人がご自身の「見える」風景をできるかぎり「見えている通り」に描いたもの（編集部の方との協同で作成されたもの）だという。また、開眼後約百日のH氏は、平面の形はある程度識別できるにもかかわらず、手もとにあった日用品を見せて「これは何か」と問うたところ、たとえば、ハサミを見ているのに「鉛筆ではないかな？　万年筆だと長すぎる」という。ところが手で触れた途端、「ハサミか？」とすぐわかる。赤鉛筆を提示すると、「わからない……赤かな？」といい、やはり触れた途端に「エンピツだ！」という。先天盲の人々にとっては、たとえ開眼手術で目が見えるようになっても、本当に「はっきり」とものがよく「見える」のは、ものを手で触れたときだ、ということである。

もちろん、練習によって、しだいに「目で」見えるようになれるし、それはそれで大変すばらしいことにちがいないのだが、私には、盲人にとって「見える」ということが、本来、「手で触れる」ということだという事実のもつ重みのほうに打ちひしがれる思いであった。このことはまた、本当に「見える」ということが、目の網膜に像が映っていることではないということ、そんなことは「とるに足りない」といっていいほどのことだ、ということも、意味しているように思える。また、自分では「見えている」つもりでも、開眼手術を受けた先天盲の人たちと、本質的には何らちがいはなく、「心の中の手で触れる」に等しい見え方が、まだまだ私たちにも残されているにちがいない。つまり、「本当に見える」には、私たちも、何年も何十年も、きびしい修練を通して、「見よう」という努力をもちつづけなければならないのだ、ということも、意味しているように思えてならない。

二、「イメージ」の不思議

心の中で、巨象を想い浮かべていただきたい。その象の足もとに、一匹のカエルを想い浮かべていただきたい。そこで、再び、象の全体を心に描いて、同時に、足もとのカエルを心に描いていていただきたい。

さて、カエルの目玉は見えますか？　カエルの足の水かきは？

今度は、カエルの背中にハエがとまっている有り様を想像してください。そのとき、象の背中は見えますか？

このような実験をしてみると、私たちの心の中の「イメージ」にも、一種の「視野」のあることがわかる。ある部分のイメージを「視野」に入れると、別の部分は「視野」からはみ出してしまう。ある部分を詳しくイメージ化しようとすると、あたかも、その部分に「目を近づける」ように、その部分を「視野いっぱいに」描き出さねばならない。このように、心に描くイメージにも、視野や視角、「解像の精度」のようなものがあることがわかる。心の中で「視点」を変えたり、イメージ化された対象を「回転」させたり、つなぎ合わせたり、解体したりの「操作」も自在にできるし、また、そのための心的努力や所要時間は、現物を実際に操作するときに必要な努力や所要時間に比例している。

このように、心の中で「描き出す」イメージも、外界にあるモノを目で見るのと同じようなものだといっていいように思える。外界にあるモノについて「見える」とか「見えない」とかいうように、「心の中のイメージ」についても、「見える」とか「見えない」とかいってよいように思える。

しかし、そうだとすると、大変不思議なことになる。外界にあるモノを見ているのはだれか？　それはこの「私」である。それでは、その「私の中の、心の中で描き出されたイメージ」を見ているのはだれか？　私の中の「私」？　一体どういうことだろうか。私の中にコビトが住んでいるのだろうか。

話はまだ終わらない。かりに、「私の中の私」や「私の中のコビト」が私の中に住んでいたとしたとき、その「私の中の私」やコビトの頭の中で描く「イメージのイメージ」はないのか。その「イメージのイメージ」を見ているのはだれか？

……話は永久に終わらないだろう。

もう一つ別の点で大変不思議なことがある。それは、一体私たちは何のために「イメージを想い浮かべる」のか。私たちは何か話がよくわからないとき、「イメージが浮かばない」といい、「わかろう」とするとき、「イメージを想い浮かべよう」とする。イメージが単に「モノを見ている」のと同じだとすると、どうしてそれが「わかる」とか「わからない」とかいう実感と結びつくのだろうか。

また、「わかった」という状態は、「イメージが描けた」状態なのか、それとも、「イメージを描くこと」によって得られた、イメージとは別の何かなのか。

このような疑問は、さらにもっと深い疑問へとつながっていく。

私たちが心の中でイメージを描き出しているとき、心の中で描き出した「イメージ」は、単に映し出され、描き出されたものかというと、どうもそうではないような気になってくる。そこでは、ちょうど盲人が「触って」みるのと全く同じように、私たちも、イメージを心の中で「触っている」ような実感がある。さらに、そのイメージの対象に「なってみている」という体感（たとえば「ふくらんでいる」とか「ちぢんでいる」とかいう表現の奥にある実感、「上にのびている」とか「右を向いている」とかいう「軸」を設定して他の部分を、位置づける実感の奥にあるもの）をもってながめているのではないか。

さらに、ときには、イメージが「ニオイ」をもつことすらある。美しい花をイメージ化したとき、はっきりとした臭いではないが、「におうがごとき」イメージが生じる。

このようにイメージというものは視覚的な「映像」というよりも、外界のリアリティを「私」の内にとり込み、「私」が全身で感じとっているものといえる。

三、「精神のモジュール性」について

以上のような疑問に対し、アメリカの認知科学者J・A・フォダー（Foder. J. A.）の『精神のモジュール性』（*The Modularity of Mind*, MIT Press, 1983）という著書は、一つの興味深い答えを出しているように思われる。

フォダーは、私たちは外界の情報をいろいろな「モジュール」で受け入れている、という。

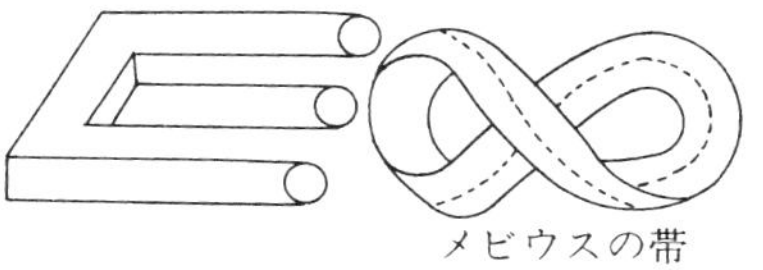

モジュールは、大きく分けると、視・聴・触・味・嗅の五感と言語の計六つだが、私自身の解釈を加えるとそれだけにはとどまらない。しかし、当面はこの六つのモジュールを想定しよう。

たとえばいま、「視覚モジュール」を例にしてみよう。図1を見ていただきたい。

私たちは、図1のようなモノは絶対ありえないことはよく知っているにもかかわらず、どうしても、その「ありえないモノ」が見えてしまう。理屈ではわかっているにもかかわらず、どうすることもできない。あるいは図2に示すメビウスの帯を見ると、今度はさらに、そういうモノがありうることはよくわかっており、現実にごく簡単につくり出せることも知っているにもかかわらず、なぜか、理屈の上では奇妙な実感をぬぐい去れない。

つまり、「見える」ということと、「わかる」

ということとが、どうしても統一できずに、相互に矛盾している、という感じをもつのである。

このような場合、私たちは図1や図2を単に平面的な「線の集合」として見るのではなく、明らかに、モノとして見えることは確かである。したがって、そのモノとして見えるというところまでは、「意味づけ」や「解釈」が強力に作用している。つまり、外界の刺激を、ただ、「受容」しているだけではないのであり、一種の「三次元物体」のスキーマによって処理しているのである。ところが、それが「ヘンだ！」という気を生じさせるのは一体どこからだろうか。

図1のようなモノが「ヘンだ」と思わせるのは、その「三次元物体」のスキーマが、高次の段階で「ありえないモノ」として判定するからだ、といってもよいように思うかもしれないが（もっとも、それでもこれが「いかにもありそうに」思えることの説明が若干むずかしいが）、図2を見ると、これは三次元物体としては十分ありうるものだし、「三次元物体」のスキーマの中に矛盾は全くないはずである。

ブルーナー以来、認知心理学の重要なテーゼは、私たちが外界からの情報を、単に「受け身」で取り込むのではなく、背後の常識、文化、さらには本人の期待などによって――つまり、人間の思考のはたらきによって――「知覚」そのものが形づくられる、というものであった。

フォダーは、認知心理学のそのようなテーゼが、「モジュール処理」の段階までは真実だが、真理はそこまでだという。

思考のはたらきは、実は、もう一つ奥にあるものだというのである。

その「もう一つ奥にある」という思考の本性は、「真実性の確定（the fixation of belief）」にあるというのである。この「真実性の確定」については後に紹介することにして、「モジュール性」の特徴をもう少し説明しておこう。

モジュール性というのは、入力情報がある程度「自動的」に、「意味」をつくり出すはたらきを指す。その場合、次のような特徴をもつ。

第一は、いわゆる「領域固有性」をもっている。つまり、「視覚モジュール」は聴覚とは無関係であり、言語とも無関係である。「視覚モジュール」は、外界の「視覚的側面」だけにむけられ、それだけを処理する。

第二は、情報の処理方式は「どうしようもない」自動性をもつし、自立的だという。「そう見える」ということは、理屈ではなく、どうしようもなく「そう見える」という面があり、「そう聞こえる」のは、どうしようもなく「そう聞こえる」のである。避け難く、勝手に、ある種の意味処理が施される。

第三の特徴は、入力情報がきわめて「選択的」になっているということである。たとえば私たちは十円玉を見慣れているが、「日本国」という文字は裏か表か、その上のほうか下のほうか、どこにどのように書かれているかを想い出せる人は少ないだろう。どういうモノについては、どの段階までの意味を処理するか、どのような情報を取捨選択するかは、ほとんど「きまっている」という特徴があるという。

第四の特徴は、情報の処理がきわめて速いということである。パッと見えてしまうとか、ふと聞こえてしまうのである。

第五の特徴は、「カプセル化」（encapsulation）がなされていることである。つまり、入力情報が処理されるときに「参照」される「知識」が固定されていて、その固定された範囲内での「知識」だけにもとづいて処理され、他の知識からはどうにも侵入できない。このことはまた、入力情報の「客観性」をも保証する。本人の一時的な好みや偏見に、一方的に支配されるのではなく、外界情報はそれなりの独立性をもって、「証拠をつきつけてくる」面があるのはこの「カプセル性」による。

最後に、第六の特徴として、情報処理の「浅さ」である。一見、「意味」を抽出しているようでいながら、ある程度、バラバラな「意味」であり、矛盾だらけであったり、理屈に合わなかったりするが、そのかわり、大変広範囲に及んでいるのである。「とりあえず」ある程度の意味のまとまりを、バラバラにつくり出しておく、といったものである。

さて、ここまで説明すると、フォダーが、人間の本来の思考、とくに「真実性の固定」に関する情報処理がどういうものだと考えているかがおわかりだろう。それはこれら六つの特徴の否定である。

まず、領域があらかじめ固定されていない。

第二に、処理方式は自在に変わりうる。

第三に、どんなものでも取り込める。

第四に、情報処理にかかる時間は長く、時には何か月も、何年もかかる。

第五に、ありとあらゆる知識が関与しうる。(無関係というものがない。)

そして第六に、大変「深い」処理が行われるというのである。しかも、バラバラではなく、統一のとれたものだという。

そのことについては、次にもう少し詳しく論じよう。

四、真実性へむけて

フォダーは、「真実性の固定」が非モジュール的なものだという。そして、その特徴をまとめるものとして、「等方位性(isotropy)」と「クワイン性(Quineaness)」の二つをあげる。等方位性というのは、真実性の実感に結びつくものは、すべてのモジュールに対して開かれており、どれがどう結びつくかについての制約がない、ということである。

「視覚系モジュール」が「聴覚系モジュール」や「触覚系モジュール」と結びつくことは十分ありうるし、ほかのいずれとも結びつきうるという。(余談だが、私自身は運動感覚のモジュールを想定することがぜひ必要だと思う。自分が動く、動かす感覚である。フォダーがこれを認めていないのは大変残念であり、ピアジェの発達理論からいっても、運動感覚はもっとも重要なものであるはずである。）したがって、思考のはたらきの中心は、アナロジーや比喩であるという。何がどう結びつくかがわからない、というのは、思いがけないアナロジーや比喩で、「真実性」が生まれてくることを考えてみればうなずけよう。

「クワイン性」というのは、かつて、クワイン（W. Quine）という哲学者が『経験主義の二つドグマ』という論文で、「分析と統合との間の識別は不可能である」ということを述べたことに対応づけられた呼び方であり、一つの認識は、信念の全システムが関与したものだという主張である。つまり、一つのことが「本当だ」という実感は、自分のもつ、ありとあらゆる「本当だ」と思う多くのことと関与している、ということである。「分析」と「統合」の問題は、ここでは論じきれないので除外するが、私たちの「真実性」の実感というものが、信念の文字通りの「全体」によってもたらされるものであって、たとえば単なる「論証」とか「証明」とかによってコトが済むものではない、という指摘は十分考慮されるべきであろう。時に、私たちは論理的な証明が信じられなかったり、逆に、厳密な証明が与えられなくとも、「確かにそうだ！」という実感をもつことがある。数学者でも、厳密な論証がみつかるはるか以前に、命題の真実性を「全体的に」実感することがあるようだ。

可能なかぎり多様な面からの吟味、どんなことでも結びつきうるという心の柔軟さと開放性、そういうものが「真実性」ということの本質であろう。

フォダーは、「知覚」（perception）ということが、実は、この「真実性の固定」を含むものだというのである。つまり、知覚の結果をもとに推論して真実性を得るのではなく、知覚そのものが、すでに真実性の認識をもたらすという。

私自身は、このフォダーの論文に大変なショックを受けた。

認知心理学がずいぶん発展し、私たちは「意味の抽出過程」についてはずいぶんわかってきたつもりでいた。そして、「意味の抽出」ということを高度に進めていけば、自然に「真実性の固定」（私のいう「納得」）は生まれると思っていた。しかし、いまフォダーは、はっきりと、「真実性の固定」の情報処理は、各モジュールごとの「意味の抽出」のプロセスと全く異質なものだというのである。

フォダーの理論をもとにして、あらためて冒頭の「見えているのに見えない」や、前項の「イメージの不思議」を読みかえしてみると、さきほどまではじつに「ヘン」に思われていたのがウソのように、当たり前に思えてくる。「網膜に像が映る」というだけでは何も見えない、ということ、盲人にとって、「手で触れる」ということが本当の「見える」ということに近いということ、このようなことは正しく、知覚が「真実性」の認識であることを物語っているのではないか。

私たちがモノが「見えて」いるとき、それは単に「視覚系モジュール」による情報処理として「意味」が抽出されているのではないのである。私たち自身も、それを「触覚系」や「運動系」のモジュールからの入力も暗黙のうちに入力し、「触ってみると……のように」見えたり、

「動かすと……となるように」見えているのである。このように、「見えて」いるとき、そこにはあらゆるモジュールが相互に結びついて、その結果、「本当だ！」という実感、真実性の固定感を生み出していることがわかる。そしてこの「真実性」が逆に「視覚系モジュール」を明らかに位置づけており、「ほら、そこにある」というものとして見えさせてくれているのである。（私たちはものを見るとき、「そこにそれがある」と認識するのであって、「私の眼にそれが映っている」と感じているわけではない。）

図1が、どうしても「モノ」として見えるのに、どこか「納得」が得られないことも、モノとしての見えが、真実性に根ざしているからである。

図2でどうも「納得」がいかないのは、「触覚系」で見て、みたとき、「ウラとオモテ」がつながっているという実感を生み出し、このことが、私たちの日常世界での信念、真実性の実感と矛盾するから、「理屈」ではわかっており、そういうモノの存在は疑いえないのに、どことなくヘンなのである。

さて、ここまで考えてみると、私たちが黒板で図を描いたり、子どもたちに「イメージ」を想い浮かべさせたりしていることの役割がわかる。ことば（「言語系モジュール」）を「視覚系」と結びつけたり、「視覚系」をさらに運動感覚や触覚と結びつけつつ、私たちはものごとの真実性を抽出していたのである。そのときこそ、「見える」ということが「わかる」ということと結びつくのである。

心の中に、イメージが描けて「わかる」のではない。イメージを介して、あらゆるモジュールが総動員されて、真実性の吟味が生じ、それの結果、「ホントウだ！」というときに「見えてきた！」といえる。「わかった！」といえる。つまり、たとえ「イメージを介して」いても、「わかった」のは全感覚的にわかったことなのであり、さまざまな入力がそのイメージの中で統合される感覚を伴うはずである。

ところが、実をいうと、教室で行われている授業では、このような「真実性の固定」ではなく、単なる「モジュール」としての意味づけで終わっていることが多いのではないだろうか。それればかりか、実は、もっと小さな、いわばチャチな、「モジュール」を数多くつくっており、「こういう問題はこう解けばよい」式のカプセルづくりに専念していたのではないか。これでは、子どもたちにとっては、何も見えないに等しい。

「見えてきた。見えてきた。見えたぞ！　ああそうだったのか！」というのは、モジュール性からの脱出ではじめて可能なことである。

4.

「見える」とはどういうことか（二）

一、「見えないもの」が見えること

先日、知りあいの先生から次のような話を聞いた。

三角形の面積を算出する公式（「底辺×高さ÷2」）を導く授業で、先生は三角形を適切に切り離し、つなぎあわせて平行四辺形をつくらせる指導をし、平行四辺形の面積が「底辺×高さ」であるから、三角形の面積が「底辺×高さ÷2」であることを導いた。そこで、ひとりの子どもを指名し、黒板のところに出させて、図1（a）のような三角形（スチール黒板にはりつくよう磁気シートでつくったもの。三つの三角形を組

図　1

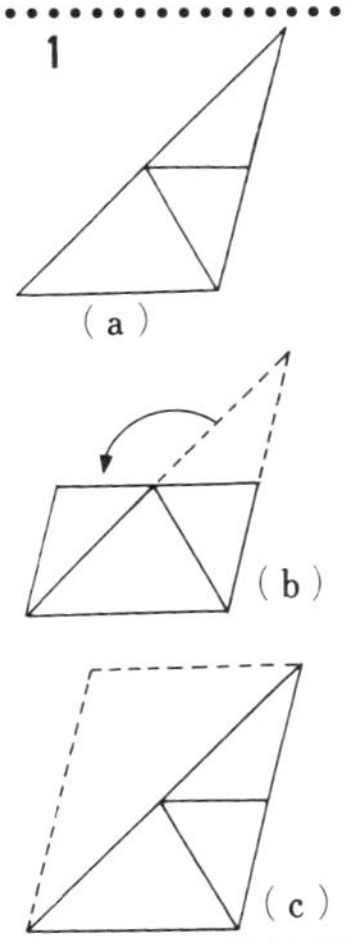

み合わせてある）を示し、「この三角形を平行四辺形に直して、三角形の面積が〝底辺×高さ÷2〟となることを説明してください」といった。

子どもはサッと図1（b）のように変形して、「だから、三角形の面積は底辺×高さ÷2です」と答えた。先生は、せっかくやってくれた子どもをそのまま席へもどすのは気の毒と思い、当然わかっていると思われることを念のため聞いてみた。「それじゃあ、もとの三角形にもどして（図1（a）の状態にもどす）、ここで、底辺×高さを計算したとすると、一体どういう図形の面積を出していることになるのかね？」とたずねた。

先生は、図1（c）に示すような点線部分を加えた、大きな平行四辺形を子どもが指摘してくれるものと期待したのだが、その子どもは黒板の前に立ったまま、いつまでも動かなかった。先生はしばらくして、教室のほかの子どもにたずねてみたが、手をあげた子どもはほんの数人だった。

さて、「底辺×高さ」の面積をもつ図を描けといわれて、子どもたちがどうして図1（c）のような図が描き出せなかったかを考えてみよう。

第一に考えられることは、次のようなことである。

子どもたちが「平行四辺形の面積」を底辺×高さで求められることを学んだ状況を想像してみよう。まず「平行四辺形」が与えられる。次に、その平行四辺形の「底辺」と「高さ」に注目する。そのあと、その「底辺」の長さ、「高さ」の長さを図から読みとる。最後に、その両者をかけ合わせて、「平行四辺形の面積」を算出する。

子どもたちは平行四辺形の世界をこの順序でながめるのである。「図→底辺と高さ→面積計算」という順序は固定しており、そういうふうに平行四辺形を「見る」クセがついている。その順序を変えてみることは思いもよらないのである。そこには底辺×高さというものが、無限に多様な平行四辺形の面積であるという事実に対する関心はなく、「平行四辺形の面積を求めよ」という問題が与えられたときに、その問題を解く手続きとして、「平行四辺形の面積＝底辺×高さ」という公式が用いられるにすぎない。

図1（c）のように、底辺や高さが数値でなく実体として与えられているにもかかわらず、「平行四辺形」という「図」がないという事態は、それまでに遭遇したことがないにちがいない。ここでは、いわば「見えないもの」を見なければならない。

「平行四辺形の面積＝底辺×高さ」というのは、面積を算出する手続きの集約としてではなく、まさしく、さまざまな「可能的世界」をつらぬく真実性の集約として見えなければならない。一つの真実性を表現しているものだという実感がなければならず、その表現の背後に起こりうる事態を自由に、無限に多様に、想い浮かべることができなければならない。

しかるに、通常、この「公式」が教えられる状況は、さきに示した通り、「この平行四辺形の面積を求めよ」という問題状況の中であり、こういう問題を解決していくときの手順のメモとして、「公式」を暗記し、手続きに習熟していたのである。

このことを、前節で「精神のモジュール性」と呼び、手続きの「カプセル化」と呼んだ。あらためて、「カプセル化」という概念をここで明らかにしておこう。

「カプセル化」というのは、外界に生じるさまざまな事態に対し、ある一定の限られた範囲だけの「問い」が発生し、「問う」ということが無限に多様に可能である場合でも、きめられた問いだけが問題にされ、その問題に対して「答え」を出すときに注目されたり参照されたりすることがすべてきまっている、ということを指す。同一の「問い」に答えるために参照されうることがほかにいくらあっても関係なく、一部の事実だけが一定の順序に従って参照されて「答え」がつくり出されるのである。これが「精神のカプセル化」というものである。

前節では、フォダーの説を参考にしつつ、人が「精神のカプセル化」を進行させていく中で「真実性」の確定を忘れ、本当は何か、どのようなことが真実か、こういうことはありうるのか、というような、吟味が失われることを指摘した。

「平行四辺形の面積の公式」に関して、真実性に照らして「見えないものを見る」ということができず、一定の順に注目して面積を算出する手続きのメモとしてしか意識されえなくなっていることが、この「カプセル化」をあらわしているのである。

二、「図形を動かす」ということ

もう一つ考えられることがある。それは、図1（a）を（b）のように変形して「三角形の面積」を「平行四辺形の面積」に還元して考えるということを、子どもは本当に納得していたのだろうか、ということである。

図形をバラバラに切り離して移動し、別の図形に変形して問題を解く、ということは、今日の小学校の算数教育の常套手段である。

小学校の、とあえていうのは、このような考え方は中学校や高等学校ではあまり見受けられないからである。また、幾何学の定理証明の技法としても、まず利用されることはない考え方である。（なぜ利用されないかの理由は後に説明する。）

しかし、ともかく、小学校ではさまざまな図形を適切に切断し、並べかえて別の図形にしてみるということがきわめてしばしば用いられる。しかも、そういう操作が用いられるのはたいがい、何らかの「公式」を導出するためであり、その「公式」がひとたび導入された以後は決して利用されないのである。

結論をさきにいわせていただくと、次のようになる。図形をバラバラにして並べかえ、別の図形にして何らかの一般公式を導く、というやり方は、よくいって手品、悪くいえばペテンで

図 2

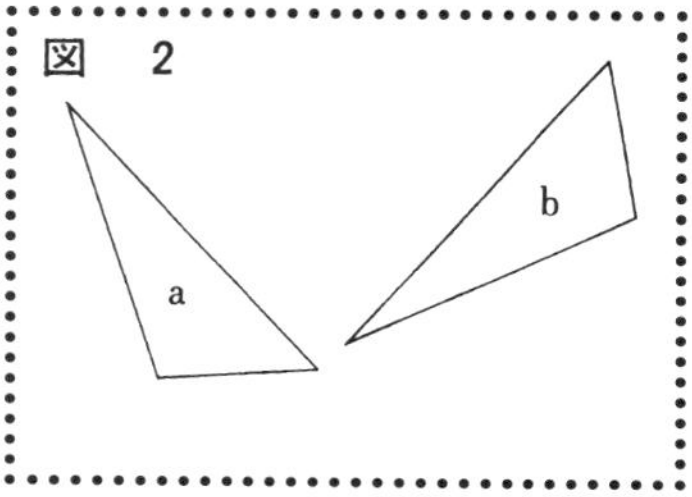

図 3

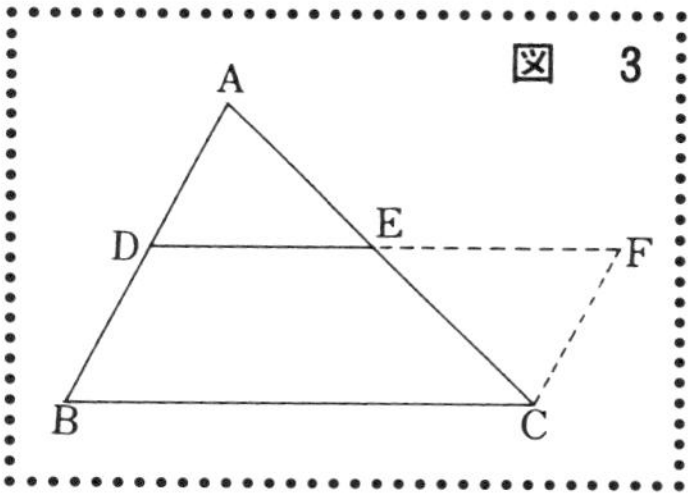

あり、子どもにとっての「理解」とは縁もゆかりもない話だ、ということである。

図2を見ていただきたい。図2における三角形aと三角形bとは「同じ」だろうか。私たちは、目で見たかぎり、同じだと思える。しかし、本当に同じかどうかを疑ってみると、目で見ただけではわからないはずである。実際にはたとえば三辺の長さを実測して比べてみなければなるまい。

次に図3を見ていただきたい。これは、「三角形ABCを平行四辺形にせよ」という問題を与えられた子どもがDEでカットして上半分をひっくりかえし、右にくっつけると平行四辺形DBCFができあがるということを自らの直感か、もしくは先生の指示で納得するハズの図である。

ここで重要なことは、三角形ADEが三角形EFCと同じであることが、どうしてわかるのか、ということである。目で見たかぎり、同じように思える。しかし、さきの図2の場合と同様、疑い出すときりがない。（細かいことをいえば、DBとFCが平行となることも、目で見てわかるはずもない。）

目で見てわからないことは、やってみればわかる、という人がいるかもしれない。ところが、たとえ子どもが正確にACの中点E、ABの中点Dを結ぶ線分で切断したとしよう。（どうしてそういう線で切ればよいと思いつくか、その必然性は、と問いたいが、それもここでは不問に付す。）このようにして平行四辺形ができたのが、どうして単なる偶然でないのかがわかるのだろう。むしろ、こういうふうにしてたまたま平行四辺形ができたのは、「この図形に特有の」偶然のできごとだと考えるほうが正しいのであって、たった一つの三角形（あるいは百個の三角形でもよい）から、そういうことが「つねにできる」と結論することは正しい考え方とはいえないだろう。

さらに、四辺形DBCFが平行四辺形であることを認めたとしても、その平行四辺形の「高さ」が、三角形の高さの二分の一であることはどうしてわかるのか。さらに、どんな三角形でもつねにそうなることはどうしてわかるのか。

ところが、先生は、こういう図形のハリアワセをもとに、三角形の面積が底辺×高さ÷2であることを強引に導き出してしまう。すべては、「何となくそうなっているように見える」ということに依存して、「だからこうなんだ」と断定してしまう。これが手品やペテンでなくて何だろう。(図形の切断と移動が高学年で利用できない理由もここにある。)

論理的思考が未発達の子どもには直感に訴えるしかないのだ、と人はいう。図形を切断して移動させるということは、厳密な論証としては利用できないが、「直感的に正しい」ことを導くには大変好都合である、と。しかし、ここでいう「直感」とは何だろうか。「何となくそう思う」ということ以上の「本当らしさ」をもたらす認識だろうか。

三、「図形」と「真実」

前節で、フォダーの「精神のモジュール性」を紹介したとき、「本当だ」というような真実性の判断というものは、「クワイン性」(全信念体系の関与)と「等方位性」(どんなことも無関係たりえない)という二つの属性をもった認識活動であるということを指摘した。

一つの図形(たとえば図1(a)のような三角形)の一部を切断し、移動させて他の図形(たとえば図1(b)の平行四辺形)を構成したとき、それが、「等しい面積」を保持した変形である、ということが「直感」でわかるものだろうか。

私にはどうも「直感」でわかることとは思えない。そうではなく、私たちが現実にその部分を切り離し、少しずつ移動させ、そっと別の位置に置きかえていくという全操作過程を想像し、その操作過程のどの時点でも、面積の加減がないということを確かめつづけて、はじめて、「実感」としての「等しい面積である」という認識が得られるのではないだろうか。そのときには、「動かしていく」という運動感覚、位置の移動だけでは何も加減が生じないという経験的に確かめられた真実感、あちこちのカドを触ってみても、部分の変形が生じていないという触覚的実感なども手伝って、まさに、全信念体系が関与し、また、ほかにどんなことが生じてもいつでも吟味できる心の開放性（等方位的に気くばりをしている構え）が支えになって、確かにこれでよい、これで正しいという真実性が生じるのであり、「見てパッとわかる」ということではないだろう。

つまり、図形の変形に関する何らかの事実の真実性を「直感」するということは、実は、きわめて大がかりな、ジワジワとせめていく、少しずつ確かめていく吟味過程の結果であって、そういう吟味過程を経ないで、パッとわかる、というものではない。つまり、「図形を見ている」のは、「見えている図形」を頭にしまいこんでいるのではなく、図形に関するさまざまな事実を知っていく、ということである。「こういうコトがああいうコトになっていく」という事実を知り、その事実の真実性を吟味し、新しい事実をたしかにホントウだとして知り（わかり）、確かめていくことなのである。

図を見てわかるというのは、パッとわかるのでなく、ジワジワと、ゴソゴソと、ジリジリと、あたかも包囲をせばめていくようにして「わかる」ことなのである。

もしも、「図を見てわかる」というプロセスがそのようなものだとしたら、そのような「図形の吟味過程」で、図形のどのような事実に注目すべきかが決定的に重要なこととなる。

たとえば、「三角形」を変形して「平行四辺形」にするという課題を遂行していくときに、子どもはどういう事実に注目して図形をながめているだろうか。おそらく「平行四辺形らしい形」をつくり出すことに夢中であろう。三つのカドを四つのカドにすることや、対辺の長さが等しくなるようにすることとや、対頂角を等しくすることとや、その他、さまざまな特徴に注目し、それを確かめようとしているにちがいない。

ところが、そうやって、やっと「平行四辺形」ができあがったとき、先生は突然、「底辺と高さをかけると何が求められるか?」とたずねる。寝耳に水といったところか。いままで、底辺とか高さがどうであるかについては考えてもみなかった。それが突然、「底辺×高さ」で平行四辺形の面積を出し、そのことが、もとの三角形の面積だという。これでは「ついていけない」と感じるのが当然で、ただただ先生のいうことをうのみにして受け入れるしかないのである。

たとえば図1(b)の平行四辺形の「高さ」が、もとの三角形の「高さ」の二分の一になっていることなどは、キリハリ的変形過程でほとんど気づくはずもない。これは、さまざまな観点から、あらためて吟味し直さねばわからないことである。(たとえば、切断してさかさにした三角形の高さに注目し、これがもとの三角形の高さの二分の一でなければ横にくっつけたときに底辺と頂点がピタリと四辺形のカドと接しないことを確かめてみるとか……。)

しかし、たとえそのような認識を得ても、三角形の面積が底辺×(高さ÷2)であることはわかっても、本当に、底辺×高さ÷２であるという認識ではない。そこで先生は図１（c）によって、（底辺×高さ）÷２でもあることに気づかせようとしたのだが、さきに述べた通り、みごとに失敗したのであった。

このように、「見る」ということは、「気づく」ということであり、「気づく」べきものは、見えるべき形ではなく、むしろ注目すべきコト（事態）なのである。私たちはコトを見ているのであって、モノを見ているのではない。そして、コトを見るということは、コトに関する理論、信念、経験のすべてが全体として関与しており、知るべきコトの問題意識や、やるべきコトの目標意識に大きく左右されることであるということを忘れるわけにはいかないのである。

四、「図を見る」とは「見直す」こと

私たちは何か考えごとをするとき、「図でかきあらわす」ということを試みるが、それはたいがい有効である。幾何の定理証明をするとき図を描かない人はいない。それ以外にも、物理の問題を解いたり、新しい家を建てようとするときにも、略図を描く。これはどうしてだろうか。

私は次のように思う。「図を描く」ということは、実は、その図を見るためというよりも、背後にあるコトを「見直す」ためだと思うのである。

私たちが図を見るのは、さまざまな事態（コト）の真実性を吟味するためである。図を見て

いて「見える」のは事実が見えるのであって、単なる風景が見えているのではない。しかし、ここで重要なことは、図だけが、「見直す」ことが可能だということである。単なる「命題」は、見えたことの記述であり記録であるが、図（あるいは一般的に「イメージ」）は、「見直す」ことができるコトである。（「命題」が「見直し」の対象となりうるためには、命題の記述する事態をコトのイメージとして把握し直すことが必要だ、というのが私の考えである。）

絵画についても同じことがいえる。絵は作者の何らかの意図の「表現」だという考え方には反対である。私は、絵画もやはり、コト（事態）の凝集であると思う。つまり、さまざまなコトガラの寄せ集めであって、特定のコトのアラワレではないと思う。

私たちが「絵を見る」のは、描かれているモノを見るのではなく、また、アラワレたコトだけを見るのではなく、ほとんど無限といってよい多様なコト（事態）を見る（知る）ということである。アラワレたものではなく、アラワシウルコトの無限集合が絵画なのだと信じる。

絵画を見るということが、すなわち、私たちの、そういういろいろなコトの経験なのだと考える。それだからこそ、私たちは一つの絵を何度も何度も「見直し」、そのたびに新しいコト（事態）を経験できるのである。それは、ながめているというよりも、そこで生き、活動し、経験することであり、全信念体系が「クワイン性」をもって関与し、「等方位的に」、新しい経験の可能性へむけて、目や耳や触覚、味覚、嗅覚、運動感覚、言語感覚などをすべて全開状態にして出会い、出会い直すべき事態なのだと考えるしだいである。

その意味で、絵を見ることとは、無数の経験を通して「真実を知る」ということであって、アソコがどうなっているという特徴の抽出ではない。

「見る」ということが、網膜に像を映し出すことでないということは前節で述べた。いま、私たちは、「見る」ということが、私たちの「知る」という活動の一切を含め、総動員しての、経験そのものであることがわかった。そして、そのことは、授業で黒板に描かれる図表を見るときにもあてはまるべきことであり、黒板の図は「わかったこと」のまとめではなく、また、「問題解決の手順のメモ」でもなく、まさしく、真実性の吟味、ありとあらゆる総点検の対象となるコトガラの凝集であるはずだ、ということを、あらためて強調しておきたい。

図はどんな簡単なものでも、くりかえし「見直す」ことを予想し、その「見直し」のたびに、新しい経験と真実の発見をもたらすべきものなのである。

5. 「読む」とはどういうことか

一、「読む」と「見る」

「読む」ということばは、「見る」ということばと大変似ている。実際、「読みとる」ということばは、絵や図、さらには人の顔色などのような、本来は「見る」べき対象について用いることが多い。また、すぐれた文章を夢中で読んでいるとき、一つ一つの文字を読んでいるというよりも、何かしら作者の描く「世界」を見ているような実感をもつのではないだろうか。

前節では、「見る」ということが、眼に「像」がパッと映るということではなく、ジワジワ、ジリジリと、さまざまなコトの集合がわかってくること、むしろ、そういうコトと「出会って」いくことだと述べた。このように考えると、「見る」ということ自体が一種の「読む」活動だとさえいってもよいだろう。そこで、本節でも、「読む」ということを「見る」ということと本質的には同質の知的活動だと考えて、「読む」中での「見る」活動を吟味してみることにしよう。

以下において「読む」という活動を次の二種類に分けて考えてみよう。第一は、「描かれたものを見る」という活動であり、第二は、「描き出してみる」活動である。もちろん、この二つの活動は相互にかかわりあっており、二つに分けること自体がもともと無理なことなのだが、一応、無理を承知で、分けて考えてみる。

二、「描かれたものを見る」読み

読むという活動の中の、「描かれたものを見る」という側面を考えてみよう。
どのような文にも、作者が設定した「視点」(カメラ・アングル)というものがある、ということは、一応、周知のこととしてよいのではないか。(いまだ周知のこととされていないという方々は、たとえば、拙著『イメージ化による知識と学習』東洋館　一九七八年　第十二章を参照されたい。)

たとえば、

＊

(a)通りかかった人が花子にアメをくれた。
(b)通りかかった人は花子にアメをやった。
(c)通りかかった人が花子にアメをやった。
(d)通りかかった人は花子にアメをくれた。

（a）は、話し手が花子にカメラを設置して、「通りかかった人」の動作を写し出している。花子という人物については、話し手は読み手がすでに知っていると仮定し（旧情報）、「通りかかった人」は、読み手にとってははじめての人（新情報）であるとされている。それに対し、（b）では「通りかかった人」はすでに登場済みの人物（旧情報）であり、カメラはその人の眼の位置か、その人の少し上空に設置されている。「花子」は視野の中に入っているが、読み手はすでに「花子」がだれかを知っているとされている。その花子にアメをやったという動作が、新しい情報として、カメラに写し出されている。

（c）は若干奇異な文であり、厳密に考えると、一種の「視点のゆらぎ」が見られる文である。なぜかというと、「通りかかった人が」という文は、「通りかかった人」をながめている立場で語られたもので、一応、「花子」がながめているとすると、「花子」に近いところにカメラが設置されている。ところが、「アメをやった」というのは、明らかに、「花子」を視野の中にとらえたところから写し出した状況である。するとそれは「通りかかった人」の側にカメラが設置されていることになろう。そうなると、一つの文の中に、カメラが二台設置されていることになり、これは一応ルール違反である。しかし、もしも、「花子」を遠くからながめている人をかりに設定して、その人の眼の位置にカメラを設置し、「通りかかった人」と「花子」のやりとりの一部始終を写し出したと考えれば、（c）は一応自然な文となる。

（d）は明らかに「不自然」である。（＊印がついているのは、「不自然な文である」ということの目印として、言語学者がよく用いる表記法である。）

文におけるカメラ・アングルを定置するということは、文を書く際にもっとも気をつけなければならないことである。一つの文章を書いていくうちに、視点がゆらいでしまうと、俗にいう「悪文」になる。たとえば、私自身がかつて推敲（すいこう）した次の文を見ていただきたい。

〈推敲前〉

もしかすると、「やる気のない子」というのは、本当はやる気のある子、すなわち、「わかろうとする」気持ちがいまだ棄てきれていない子なのかも知れない。

〈推敲後〉

もしかすると、「やる気のない子」というのは、本当はやる気のある子、すなわち、「わかろうとする」気持ちをいまだ棄てきれないでいる子なのかもしれない。

ごらんの通り、推敲前の文では、「やる気のない子」をながめる立場で書き進め、「わかろうとする気持ち」がどうなるのかを写し出そうとしながら、「わかろう」ということばに引きずられ、その子ども自身の中に視点が入り込んで、「棄てきれない」という表現をしたが、あわてて視点を第三者にもどして、「棄てきれていない」といいかえた。

この間の視点のゆらぎは震度1か2程度か。しかし、推敲後の文では、視点のゆらぎは全くないといってよいだろう。

ところで、文というものは、視点（カメラ・アングル）をすえて描き出すものときまっているわけではあるまい（と私は思っている）。読者にはっきりとわかるならば、わざと視点を強引にゆさぶった文というものもありうる。

しかし、これはヘタをすると、悪文になる。次の文は悪文か否か、評価の分かれるところだろう。〈私自身は、別に悪文とは思っていない。〉

……彼にとって「学ぶ」とは、暗記という労働――それが全く無意味であることは本人が一番よく知っている――であり、そのつまらぬ作業をやれというならやりますよ、要するに「やった」という証拠さえあれば「勉強した」ことになるのでしょう、それじゃあ、とにかく一時間ぐらい「一所懸命」マル暗記やってみますよ、それでもできなきゃわたしは頭がわるいのだからしようがないでしょう、ということになる。（拙著『「学び」の構造』、東洋館、一九七五年、二〇ページより、若干修正）

この文は、間接話法から強引に直接話法に引き込んでいき、「彼」の内言をそのまま出しながら、文全体としてはそういう「彼」をながめる立場をとった文である。震度5ぐらいの視点のゆらぎはあるが、これだけはっきりしたゆらぎになると、少なくとも「わかりやすさ」をそこなうことはありえない。悪文になるか否かは、そういう「ゆらぎ」に、読者がついていけるか否かにかかっている。

右の文例では、この文の前の文章あたりからの流れ（あるいは勢い）から、あの程度の「ゆれ」は許されると考えているのだが、どうだろうか。

さて、このような文のカメラ・アングルを読者が正確に「読みとる」という作業は、文学作品を鑑賞するために必要な作業と考えるべきなのだろうか。いわゆる「分析批評」にもとづく文学作品鑑賞を国語教育に利用されることがあるが、そこでは、このカメラ・アングルの固定が指導上のポイントとなる。

もしも、国語教育の「成果」の一つとして、たとえば出版社のすぐれた編集者がもっているような「ことばの感覚」の育成をあげることができるならば、分析批評による国語指導は、まさにそのような「ことば感覚」をみがき上げることに役立つことは疑いをえない。

私自身、そのような「すぐれた編集者」によってどれほど教えられ、きたえられてきたことか。しかも、いまでも、そのような編集者の助けがなければ、まともな文章を書ける自信は全くないのである。

描かれているものを見る読みのもう一つの方略は、文章の中に指示されているものについて、具体的に、はっきりとしたイメージで、「想い描く」ことである。たとえば、

いくたびも雪の深さを尋ねけり　〈正岡子規〉

の句を読むとき、「どんな雪か」とか、「だれにたずねているのか」とか、「何センチぐらいつもっているときの句か」とか、「『いくたびも』とは、どのぐらいの時間をおいてか」と考えてみることである。こういう問いに「正解」があるとはかぎらぬが、「明らかな不正解」（たとえば、十秒おきに「雪は何センチか」と大声でたずねたりしているわけはない）を一つ一つ排除していくことができよう。

そのような吟味を経ると、この句がきわめて静かな、ひたすら雪が降りつづく日の、おそらくは昼どきか夕方、部屋の中で病に伏している作者の、ずっと何時間も窓のそばで外を見ながら傍らにいてくれている「もうひとりの人」へ、時折、本当に時折、かぼそい声で、語りかけ、一言二言のことばを交わしている中で、「雪はどのぐらいつもりました?」ということばだけが、合間合間にくりかえされている、といったような状況にちがいないということが「見えて」くる。

このような読みとりの際に、この句が子規の「病床四句」のうちの一つであることや、子規

が長い間カリエスで病床に伏していたことなどの「考証」が役立つことは確かであるが、しかし、このような「背景知識」は、この句の描き出す世界全体の「美」に貢献するかぎり、また、俳句の世界としての自然らしさに結びつくかぎりのものにとどめるべきである。あまりにも「背景」ばかりに気をとられると、後に述べるような、「読み込み過ぎ」に陥る。

このような、「具体的情景」を想い描く読み方は、「描かれたもの」の読みではなく、「描き出す」読みのように考えられやすいかもしれないが、実際には、あくまで、「描かれたもの」の読みとりであると考える。なぜなら、そこで描かれているイメージの世界は、ある種の「必然性」によって組み立てられており、「どうしてもそうなっているとしか思えない」結びつき、「一番しっくりいく」情景として見えてくる、というようなものだからである。

それでは、「描き出す」読みとはどういうものか。それについて次に論じよう。

三、「描き出してみる」読み

文や文章を読むということが、作者が描く世界をすみずみまで見るということに尽きるわけではない。描かれた世界を見ている自分自身の中に、新しい世界がつくり出されてこなければなるまい。

「自分の中に新しい世界をつくる」といっても、ただ勝手気ままな空想を想いめぐらせることではないだろう。まず大切なことは、「描かれたもの」をながめるということから脱して、四次元的世界をつくり出すことである。四次元というのは、三次元の立体空間と時間軸を加えたものので、私たちの「生きている世界」と同質の次元である。さきの「描かれたものを見る」読みでは、まるで克明に描かれた絵か、ピントをぴったり合わせて撮られた写真をながめているようなものである。

しかし、四次元的世界というのは、そのような「平面的」なものではない。その世界の中で、私たちがとびはね、走りまわり、おどり狂い、あるいはどこかにたたずんで見まわすことのできる世界である。

このような「四次元的世界」をつくり出すためには、私たち自身が、自らの視点を動かしてみなければならない。この場合の「視点」というのは、文や文章の中に作者が設置した「描写の視点」（カメラ・アングル）ではない。登場人物（主人公や脇役）のひとりひとりの立場に立ってながめ直すことや、時間軸をさかのぼってながめたり、あるいは未来へ延長させたりするのである。芥川竜之介の『蜘蛛の糸』のつづきを考えさせたりするのも、時間軸を延長させる実践であろう。

このような、自分自身の「分身」（コビト）をあちこちに派遣して、その分身（コビト）を思う存分にかけめぐらせて、その「コビト」の体験や実感をたどるのである。すなわち、前節の「描かれたものを見る」読みと異なり、カメラ・アングルを固定しないで、「動くカメラ」で写しとっていくのである。

ここで、このカメラは単に外界を写しとっていくだけではなく、それを「わが身」で感じとっていくのである――それが「分身」と呼ぶゆえんである。つまり、「あそこにいる『わたし』が見ている」としての「動くカメラ」が、外界をかけめぐるしだいである。しかも一台のカメラを動かすだけでなく、何台ものカメラを移動させながら、同じ世界を多様に写し直していくのである。

この「同じ世界」の写し直しであるということは、前節の固定したカメラ・アングルからの構図がしっかりと描かれていることが前提となっている。

このような「動くカメラ」による、外界の写し直し（「描き直し」）は、バラバラな映像をつくり出すよりは、むしろ、対象世界のリアリティを増加させる。それはちょうど、私たちが茶器を鑑賞するときに、手にとってあちこちをながめ直し、さわり直し、手の中の重みをしっとりと感じ直してはじめて、そのもの自身の存在感を感じとることに似ている。

さて、「動くカメラ」以外にもう一つの「描き出し」の方略がある。それは、「心的二重写し」とでも名付けられることである。

「心的二重写し」とここで呼ぶ方略は、文や文章を読むとき、当面の文（文章）の描き出す世界のイメージの上に、もう一つ、全く別の観点からの、別のイメージを「重ねあわせる」ということである。

文章を読みながら、自分の経験を「二重写し」に重ねることもある。あるいは、国語教師として有名な大村はま氏の「重ね読み」の実践のように、二つの異なるストーリーを重ねて読み、どこが本質的に同じか、どこがちがうかを考えるのもよいだろう。

しかし、ここで注意したいことは、このような「心的二重写し」の場合、学習の目標が、「どこが似ていて、どこが似ていないか」等の分析的吟味にあるのではない、ということである。むしろ、自分自身が無限に多様に、新しいイメージを次々とつくり出し、重ねあわせていけるようにすることにある。似ているところ、似ていないところの特徴を抽出し、重要事項をリスト・アップしていくと、一応「学習」が進行しているかのような印象を与える。しかし、そのような「特徴」や「構造」の抽象化は、ともすると「○○は△△である」という認定にとどまり、イメージが活動しない。そうなると思考を終結させてしまう。ちょうど、ものごとにうまいレッテルをはることによって、「なんだ、そういうことか」と思わせてしまうのに似ている。

それに対し、思い切って「見かけ上は全く異なる」話を重ねあわせ、心的二重写しを試みていくことは、ことばでは集約できないような、動きをもった認識が活発にはたらきだすようである。あるいは逆に、「見かけ上」は（取り扱う主題としては）似ているが、底流にある考え方が全く異なる話を二重写しにすることもあろう。

この場合には、当面の文章のもつ主な訴えがどのようなものか、むしろ、コントラストがはっきりして、浮かびあがってくるものである。

このような「読み」は、小説や詩に対する読みだけでなく、「歴史」や「地理」の理解においても、大変重要な読みであろう。つまり、過去の歴史的事実や、地球上の他の国のできごとを、現在の日本や、自分の身のまわりのことと二重写しにして読みとるのである。

しかし、「心的二重写し」において、大変用心しなければならないことは、いわゆる「読み過ぎ」である。

「二重写し」というのは、いわゆる「メタファ」や「アナロジー」による理解である。メタファやアナロジーというのは、納得（あるいは説得）の強力な武器であると同時に、誤解や曲解を自己修正する機能をもたない。「当てはまるところ」の断片の寄せ集めが、いかにも「もっともらしい」姿にまとめられるのである。それを「反証」することは至難の業になる。「ヤマト朝廷はどこにあったか」とか、「日本語の起源はどこか」といったような研究では「二重写し」を現実のできごとの解釈に用いる。これは「心的二重写し」を「心的世界」の枠の中で考える「文学鑑賞」と、いわゆる「科学的読み」とのちがいでもある。

「科学的読み」にメタファやアナロジー的読み込みが不要だというわけではないが、何といっても、自己修正のきかない暴走をさし止めるための細心の注意が必要となることだけは十分留意すべきであろう。

四、「読む」ことのむずかしさ

私たちは毎日毎日、多くの文や文章を読んでいる。しかし考えてみると、読むということは大変むずかしいことである。「目を通した」ということと「読んだ」ということとはちがう。「書いてあるではないか」と著者はいい、「そうは読めない」と読者がいう。どう読めるかは、著者の意図を離れて、読者の意図によって決定的に影響される。そういう「読み」は主観的だからよくない、といっても、「読む」ということ自体が読み手の主観の世界をつくりあげることである以上、「主観的である」という批判は当を得たものではない。「客観的に読む」などということはできるのか。

「描かれている世界」を見るつもりで読むとき、私たちは一つ一つのことばに対する感覚をとぎすましている。この単語はどうして選ばれたか？　別のことばで置きかえるとどう異なる？　このことばがなかったらどうだろう？　このようなことばの吟味を経て、私たちは作者がどこにカメラを設置して語っているか、また、なぜその位置に設置したのかをさぐるのである。「文章の意味を読みとる」というのは、右のような、「描かれた世界を見る」ことではないだろうか。

それに対し、「描き出してみる」読みというのは、「文章の意義を読みとる」ことではないかと思われる。一言でいえば、「So what?（それがどうしたというのか）」という関心で読むことである。書いてあることはわかる。だから何だというのか。どんな世界がそこから広がってくるのか。どういうことと関連があるのか。

このような「意義を深める」読みには、自由で想像的で、のびのびとした思いつきを大切にしなければならないが、それが勝手に浮動しない「土俵」をしっかりとすえておかねばならない。そこには、連続的な視点の移動や、明白な立場の設定と変換など、かなり計画的、意図的な「枠組み」をつくっておかなければならない。

また、「心的二重写し」を多様に、イメージをダイナミックに広げる一方、事実とのかかわりにあたっては、単なるイメージやアナロジーとしてのもっともらしさだけに頼らない、しっかりとした傍証の確立を求めなければならない。

文学的読みと科学的読みとは、大いに関連があるけれども、私たちの心的「構え」には大きなちがいがあることは、十分留意しておくべきであろう。

6. 内側から見る

一、湯呑みを見る

ものごとを見るとき、「外側から見る」という見方と、「内側から見る」という見方がある。ここにいま、一つの湯呑みがある。それを「外側から見る」とはどういうことだろうか。それはこの湯呑みの形、色合い、模様、手触り、傷やひびのあるなし、持ちやすさ、質感、などのさまざまな特徴を手にとってよく調べ、それが九谷焼きだとか萩焼きだとかの知識も利用して、一般的な価値基準に照らして価値づけることを意味している。

ところで、この湯呑みを「内側から見る」こともできる。この湯呑みの存在そのものに、おのれ自身の存在の全体をすっぽりと浸り込んで、この湯呑みの誕生から今日まで、さらにこれからの将来を、おのれがこの世に存在していることの重みをかけて実感してみるのである。ここがどうだとか、あそこがどうだとかの特徴にラベルをつけることを拒否し、黙して語らず、じっとたたずんで、そこに「ある」という事実を深くかみしめるのである。すると自然に、おのれ（＝湯呑み）の生成と発展の歴史が時間・空間を凝縮させて感じられてくる。まず広大な粘土層のなかからていねいに選びとられる土の塊から、ロクロにのせられて形作られ、しだいしだいに湯呑みとしてのバランスのよい、適度の厚みをもった新しいおのれに変身していく。それが、さまざまなうわぐすりをつけられて、高熱の炉で長時間焼かれ、しっとりとした色合いを帯びて、いわば「成人」として世に出る。さまざまな人びとの手にわたり、茶をそそがれ、飲まれ、洗われ、しまわれ、そして落とされて割られ、ごみと一緒に捨てられ、土にまじわり、それから何十年、何百年、さらにもっと、そこに存在しつづけていく……。

このように、湯呑みの内側に入り込んで「見る」というとき、見えているのは湯呑みそれ自体ではない。むしろ湯呑みが変身し生まれ変わっていくときの、そのときそのときに出会う周辺の事物であり、人びとであり、置かれている環境の風景である。湯呑みというのは、それに「なっている」という実感、存在感として、おのれ自身の存在の確かさをもって感じられる、おのれの「からだ」である。「経験」されるおのれ自身の変身や、新しい世界との出会いは、たとえ苦しみや痛みを経たとしても、全体としては、おのれのからだの成長の過程として、すべて「よきこと」として実感される。むしろ、存在していること、存在しつづけることが「よきこと」なのである。

さて、このような内側にひとたび入り込んだところで、あらためて、先の「外側からの見え」を、内側から感じ直してみよう。そうすると、形がどうだとか、色がどうだとかいって、特徴づけられたり、価値づけられたりしていたことが、「ほんとうのわたしはちがうのに。」として、しりぞけてしまいたいものとして感じられる。多くの場合、たまたま特定の観点から、存在の「表面」をなぞられただけの記述に過ぎない、「不当な」扱いを受けている身（からだ）をおのれ自身に感じる。一つ一つが浅はかな、片寄った、「そういう目で見られること」が、「痛く」感じる。「にもかかわらず、わたしはわたしだ。」そうつぶやいて、外からの視線を遮りたい、そらしたい、という気分になる。

しかしここで、「にもかかわらず、わたしはわたしだ」とつぶやきながら、外側からおのれ（＝湯呑み）を見ている「外側」なるものを、そこからの評価や監視の視線を恐れることなく、少しずつ目をあけて、見れる範囲でじっと見据えてみよう。そうすると、外側から見ている存在が、やはりそれなりに、そこに「ある」ということ、つまりは、それなりに必然性をもった存在であることが見えてくる。さらに目をあけると、さきの「内側から見る」経験の中では気づかなかった別の事物や人の存在が、さまざまにうごめき、活動している風景として、はっきりと見えてくる。しばらくその風景を見渡していると、いくつかのものは、それぞれ「親しい存在」として見えてくる。今度はそういう「外側からの目」で、おのれの形や色、模様を見つめてみると、先には「痛み」をともなった「外側からの視線」が、今度は、「やさしい視線」として、さきの「おのれ」（＝湯呑み）に語りかけてくることばとして、感じられてくる。そういう「外からの語りかけ」を全身で感じ、それに応えようとしていくと、以前には思いもよらなかった「おのれ」の別の姿がうかびあがってくる。わずかな欠けた傷が、それができたときの「出来事」の記憶をよみがえらせ、育ってきた「歴史」を物語っていることにも気づく。先にあげられた「特徴」というのも、一般的な価値基準に照らした「評価」とは無縁に、一つ一つが大切な、いとおしいものであり、独自性をもち、唯一性をもつものとして感じられてくる。これは、「おのれ」自身についての新しい発見である。それぞれが、独自の出会いの歴史を背負い、また、新しい出会いの可能性を秘めたものとして感じられ、今度はそれを「外側にむけて」訴えたくなってくる。

そのように見えてくると、先の「外側からの見え」も、たんに浅はかで一面的だとして退けるのではなく、そのように見ているその「外側」の観点そのものの中にも、独自の、それなりの歴史を背負った、そう見させている「何か」が存在していることが見えてくることもある。それはそれなりに一つの「世界」であり、そこにおのれを投入して、「住んでみる」こともできるかもしれない、という希望をもたらしてくれる。こうなると、当初の「湯呑み」を（内側から）見ていた、という段階を越えて、「湯呑みを通して見える、もう一つの（外の）世界」を、あらためて「内側」に取り込んで、そこからさらに「外側」を見ていく、という活動に導かれるのである。これは、いわば、「対話」の発生である。「湯呑み」であるおのれが、それを見る（外側の）世界と、親しく「対話」するのである。そこから生まれる認識は、結果としては、いわゆる「客観的な特徴」なのだが、おのれの世界の中では、きわめて個人的な、「自分ごと」として把握されることである。たとえばその湯呑みに対する、「高い値がつけられている」という、いわば外側からの「評価」が、焼き方、色合いの見事さを納得できるものとして、つまり、そのこめられている陶芸技術の巧みさとして実感される。さらに、それを生み出す世界の中に己を投入させることによって、あらためて、自分の経験世界のひろがりとして体験できるわけで、そうなると、それは「外側での評価」を越えて、「内側での、おのれの生きる世界のゆたかさ」という次元で、「味わわれる」ものとなる。

こうなると、私たちはこの「湯呑み」を見ていたのだが、気がつくと、この「湯呑み」でひろがる、あれ、や、これ、すなわち、湯呑みの背景となっている世界の全体を見ていることになっているのである。「見ている」といったが、むしろ「親しく対話する」といった方がいいだろう。この場合の「湯呑み」は、それを通して見える豊かな「もう一つ外の世界」に導く「窓口」となっているのである。私たちはその窓の「外」に出て行き、さらにひろがる世界のあれ、や、これ、にあらためておのれを投入し、さきのおのれに語りかけ、おのれ自身にもどってそれに「応える」という対話をひろげていくことによって、「知識」をおのれ自身の拡大として、取り込んでいくのである。

二、子どもを見る

さて、湯呑みを見る話はこのぐらいにして、今度は「子ども」を見る、という場合について考えてみよう。

この場合も当然、「外側から見る」という見方と、「内側から見る」という見方がある。それぞれの見方は、湯呑みを見るときのそれぞれの見方と本質的にはほとんど変わらないといっていいだろう。ただし、決定的に異なる点がある。それは、湯呑みは、「見られる」ということによってそれ自体が本質的に変わるわけではない、といえるが、子どもは、というよりも、人間は、「見られる」ということによって大きく変化する。とりわけそれがどのようなまなざしで見られるのかによって、全く異なった存在に変貌してしまう。

子どもを「外側から見る」とはどういうことかについては、もはやほとんど説明する必要はないだろう。私たちが普通に「子どもを評価する」といえば、「学力」だろうと「能力」だろうと、「性格」だろうと、すべて、「外側から見ている」ことになる。

くりかえしを避ける意味で、「外側からみる」ということについて、ここでは、「外側から見ている」という、その「外側」とは何かについて、考察してみよう。

子どもを外側から見ているときの、この見ている「わたし」とは何者か。こう考えてさぐってみると、「わたし」の在処がどこにも定まらないことに気づく。まさに、One of Them、すなわち、「みんな」のなかの一人になっている。名前のない、一般大衆の一人になっている。あるいは、その子どもの内的事情をあえて「見ない」ようにして、一方的に、特定の枠組みにしたがって判定する判定者となっている。まったくの「よそ人」としてふるまっている。

そういう「よそ人」の視点でその子どもを見ると、その子どもも、やはりOne of Themにすぎない存在として見えてしまう。特定の資質をもっているなら合格、そうでなければ不合格として、ふるいにかけ、ふるいにかかった子どもはこっち側（それも「こういう子どもたち」として特徴づけられるThey）であり、ふるいにかからずにこぼれる子どもはあっち側（「用のない子どもたち」というレッテルの貼られるThey）に分類されるべき、「子どもたち一般」のひとり、つまり、One of Themとして、その子どもを扱っているのである。

このように考えると、子どもを「外側から見ている」という場合、私たちは、子どもを「見ている」ようなフリをしながら、実は子どもを「見ないように」していることがわかる。つまり、こっちは特定の「枠」として、がっちりと定めており、とにかく、いかなる事情があろうとも、その「枠」を変えずに、一貫性を維持し、その「枠」にはまるかはまらないかは、こっちの知ったことではなく、向こうさんがたまたま持っている「特性」によってきまること、としているのである。こちらの責任は「枠」をきめて、あとは無差別に、すべての子どもに「公平に」適用して、あとはその「枠」をその子どもが通過できるか、できないかの「結果」だけをただ待っている、というわけである。

このような「外側からの目」を、ふたたび子どもの「内側」から感じ直すと、四方八方から矢を射られるように、責めたててくるものとして感じられる。それは個人のまなざしではなく、おのれを取り囲んでいる、どうすることもできない壁のようであり、対応のしようのない「環境」である。そのような環境に取り囲まれると、絶望感、無力感、そしていいようのない孤独感におそわれる。

さて、今度は、その子どもを「内側から見る」場合について考えてみよう。

先の「湯呑みの内側に入る」ときには、おのれの全存在を湯呑みの中に「浸り込む」ことからはじめた。対象が子どもの場合も同様であり、まず何といっても、その子どもの存在そのものを、おのれの存在と重ねて、じっくりと感じてみることからはじめるべきだろう。しかしこれはなかなか容易なことではない。とりわけ、いわゆる「影の薄い子ども」とか、逆に、絶えずこちらを困らせ、ときに挑みかかり、ときにわざと逃げ回る、という「手のかかる子ども」の場合には、その子どもの中に「浸り込む」ということは極めて難しい。しかし、そういう「影の薄い子ども」や「手のかかる子ども」は、実は、おのれの「存在」を否定され続けてきた結果、本人自身、おのれの存在感を失ってしまったか、もしくは、失いそうな不安のなかで、他者に「手をかけさせる」ことによって、かろうじて存在感を保とうとしているのかもしれない。そうだとすれば、なおさらのこと、まず、この「わたし」が、おのれの存在感と同じ重みで、その子の存在をしっかりと感じとり、存在していることを認め、受け入れてあげるべきである。それには、そのような存在を否定されたり拒否されたりする以前の、まさに生まれ落ちる瞬間のあの誕生の喜びに私たち自身がたちかえり、その「存在の発生」から自らたどりなおして行くことが必要であろう。

次に、その子どもの現在の「様子」を、あれやこれやの形容詞で特徴づけることをあくまで拒否して、その子どもの内側から、そのように「なっている」ことを、自らがそう「なっていく」こととして体験しなおしてみよう。その場合、その子どもがみせるあらゆる行動が、その子どもがとりまかれている状況、その子どもがそう「なる」べく育ってきた歴史、その子どもが本来「なろうとしていること」、その子どもの独自の「その子らしさ」、などなどを全部、おのれの中に取り込んだ上で、そう振る舞うことが「それなりにもっともな」行為だとみなし、おのれ自身でも「やりたくなる」行為だと実感するのである。授業でのとんちんかんな答え、こちらの話にまるで「のってこない」態度、ごまかし笑い、突然の怒り、ささいなことでの泣きわめき……、こういうことの一つ一つに、背後にかくれている「意味」があるものとして、その「意味」を探り当てることによって、「もっともなことだ」と実感するまでその子どもの「内側に入る」ということが必要なのである。その背後の「意味」というのは、その子ども自体が、現在の自分を越えて、「別の（もっとよい）新しい自分になろうとしている」ということとむすびついた意味である場合が多い。さらに、「新しい自分になる」前に、現在の自分をなんとか「外に」あらわして、その外に出された「自分」を自分でつきくずそうとする、という意味が含まれていることもある。

ある養護学校の子どもは、一年以上にわたって、あらゆる容器のフタや栓をあけて「中身を捨てる」ということを続けていた。薬品から調味料、さらには高級ワインにいたるまで、ビンに入ったものをみつけると、さっとフタや栓をあけて水に流してしまうのである。あらゆるビン類を隠しても隠しても、かならず見つけだして捨ててしまう。その養護学校の先生方は、そのような行為の「かくれた意図」が何であるかについて話し合い、結論として、「結局、あの子はいままでの自分をすっかり捨て去りたいのではないか」と判断した。そのうえで、彼が「自分を捨てる」ということを思う存分に、誰にも邪魔されることなく徹底してやれるようにと、あらゆる機会に、ともかく「中身を捨てる」ということをやらせ、そのときの「捨てる快感」を、先生も「いままでの自分を捨てる」ということとしてしっかり共感するようにつとめたところ、間もなくその子は「捨てる」という営みを卒業し、ぐっと落ちついて、どんどん新しい経験に積極的に取り組むようになった。

同じ養護学校で、別の子どもは、教室や校庭の端の狭いところをいろいろな障害物を乗り越えたりかいくぐったりしながら歩き回る。地面に穴を掘り、その周囲を広げる。長時間かけて、大きな紙に複雑な迷路を書き込む……。先生は当初その子のこのような行動が不可解でならなかったが、あるとき、その子は排便にたいへんな苦痛をともなうことがわかった。つまり、その子は自分の腸の中を便が通ること、そこが詰まって苦しいことを、「外に出して」いたのだ。穴掘りの穴は肛門であり、それを広げることは排便を助けることだった。U字溝をせきとめ、泥を手でかきだすことも、詰まっているものを出すことだった。先生はそういうことの「意味」を理解し、共感して、つきあっていくようにした。そのうち、何ヶ月かして、ミニカーを傾斜した坂の上に走らせてたときに、どこかにひっかかってぴたりと止まってしまった。そこで、車をちょんとつつくと、また走り出した。そのとき、その子はふっと笑った。屈託のない笑いだった。そして何度も同じことを繰り返しては、笑っていた。先生も一緒に笑いながら、その子が「乗り越えた」ことを知った(「特集＝ある養護学校の保育」『発達』第九巻第三六号、一九八八年)。

三、「あなた」と出会う

子どもを「内側から見る」ということは、その子を「ああいうタイプの子どもたちのひとり」、つまり、One of Themとして見るのではなく、自分自身をその子の存在にかぶせて、その子に「なって」あげるべき相手として見ることである。つまり、その子を第三人称的に見るのではなく、「あなた」という、第二人称として見ることである。

ところで、子どもは「外側からの目」にさらされて、絶望感、無力感、いいようのない孤独感を味わわされているときに、どのようにして「あなた」と出会っていくのかについて考えてみよう。

「あなた」との出会いは、子どもによって異なるように思われる。多くの「外側からの目」に射られつづけていた子どもの場合は、まずは防波堤をつくる。「自分の世界」を厚い壁で囲み、そのなかで、ひっそりと身を縮めて「ひとり」になっている。そういう場合は、自分を「第二人称」として見てくれる人の存在に気づくには時間がかかるだろう。最初は「他者」としてではなく、外の「環境」の一部として対処する。自分が何かをするときの、（壁の外にある）道具であったり、そこに「ぶつかっていく」対象物（モノ）であったりする。しかし、こちらが辛抱強く「あなた」としての働きかけをつづけていくうちに、いつも「傍らにいてくれる」存在を感じるようになる。そして、やがて、おそるおそる、子どもの側から、その「傍らにいる人」を、「壁」の内側に「招き入れる」ようになる。

別の子どもは、もともと存在した「内側の人」（多くの場合、「母親」）が離反して遠のいていくという恐怖にさらされている。その場合は、だれかれかまわず、周囲の人を傍らに引き寄せておこうとする。少しでも「相手になってくれそうな」存在にくっつきまわり、そのたびに、「外側からの目」に射止められて苦しむ。そこで、「別の他者」に対して、先よりも要求水準を下げて、かろうじてのつながりを求める。しかし、それも裏切られる。そうなると、要求水準はどんどん下がってしまい、本当の「あなた」の存在がもはや見えなくなってしまっている。そういう子どもの場合は、やはり、どこまでも「傍らにい続ける」存在と出会うことが必要だ。さらに、そういう「傍らにい続ける」存在が、つねに、その子どもが勝手に設定している要求水準を上回ってかかわっていくことが必要だろう。かくしていつか、「安心して良い」存在としての、ほんとうの「あなた」と出会い、そういう「あなた」と、安心して交流することを学ぶ。

さらに別の子どもは、「人」を「あなた」とすることを当初からあきらめ、先の「湯呑み」の場合のように、外界のモノとのかかわりを中心に、モノの内側の世界に没入する。モノをいじり、モノを壊し、モノを組立て、モノを動かす。しかしこの場合でも、モノを「窓口」にして、モノにかかわる「外側」が見えてくる。そのまた「外側」に、生きた人間が見えてくるはずだ。そのとき、そのモノとのかかわりを「ともにしてくれる」他者に気づく。もっとも、他の多くの他者は、自分が「内側に入っている」モノをとりあげたり、あえてそれを「外側から」ながめようとする「邪魔者」にすぎないのだが。しかし運よく、ほんとうに自分といっしょに、そのモノの内側に入るよろこびを「ともにしてくれる」他者に出会う。そうして、その「他者」が、まさしく、「おのれ」を内側から理解している存在であることに気づき始める。そのようにして「あなた」を発見する。

四、「あなた」になる

子どもにとっての「あなた」になる、ということは、子どもが自分の奥底の苦しみを「ともにする」存在になることである。それができるようになると、今度はよろこびを「ともにする」存在になっていく。

子どもは「あなた」を発見すると、「あなた」に小さな「プレゼント」をする。道で拾った小石を差し出すかもしれない。ちぎった色紙を差し出すかもしれない。グシャグシャに何かを描いた「絵」を差し出すかもしれない。ともかく、それは「よそ人」の目から見ると、取るに足りないものだ。まさしく、「外側からの目」で見ると、およそ価値あるものとは思えないものである。子どもはそれを「内側から見る」ことを要求する。それをちゃんと「内側から」見てくれることを確かめるために、差し出す。

子どもが差し出す「小石」は、こちらが本当に「あなた」であるかを試している試金石であると同時に、その子ども自身が、相手にとっての「あなた」になろうとするはたらきかけである。いわば、心をわかちあうコミュニケーションの「ことば」である。「ことば」はそれをきちんと「うけとめ」てもらえると、送り手（「贈り手」）は相手（「贈り先」）にとっての「あなた」になったことを知る。

ひとたび「あなた」と呼べる他者を見いだし、「ともにする」相手が存在することを発見した子どもは、しだいに、「ことば」（さきの「小石」）を他者に「差し出す」ことで、自分から、さまざまな人にとっての「あなた」になっていくことを学ぶ。これは同時に、「あなた」を新たに創り出すことにもなる。つまり、ひとたび他者が「あなた」となりえることを学んだ子どもは、今度は自らが他者にとっての「あなた」になっていくことによって、他者を「あなた」にしていくことを学ぶのである。「あなた」という存在が、まさに「相互的」であることを知るからである。かくして「ともにする」ことのよろこびが、自然に広がっていく。

五、「あなた」とぶつかる

「あなた」という存在は、「内側から見てくれる」存在ではあるが、自分の中に完全に同化してしまう存在ではない。確かに「内側から見てくれる」存在ではあるが、やはり、「自分自身」とはちがう。疑いもなく、「外にいる人」であり、自分とは違った存在である。ときには「けんか」もするし、ぶつかっても行く。意志をとおそうとすると、制止されるかもしれない。「それにもかかわらず、あなたはあなただ」といえる存在である。それはおのれ自身について、「それにもかかわらず、わたしを内側から見てくれる」存在なのだ。「内側から見てくれる存在」に対して、「ほんとうの内側はもっとこうなんだ」と訴えるわけである。いままでは他者に見せることのなかった「ほんとうの自分」を、あえて訴えて、どこまで深く「内側」に入ってくれるかを試す挑戦である。「あなた」がどこまでも「内側から見てくれる」ことを信頼するからこそ、あえて、「ほんとうの自分」を「あなた」にぶつけるのである。

もっとも、自分自身にとっても、「ほんとうの自分」なるものがわかっているわけではない。むしろ、「あなた」にぶつけることによって、自分を「外に出して」みるのである。むしろ、「あなた」のまなざしの中に自らをさらしてみることで、自分自身も、もっと「ほんとうの自分」がわかるかもしれないという、希望をいだいているのである。

このように、あなたと「ぶつかる」ことを通して、一方では「わたしはわたしだ」というおのれの存在感もはっきりしてくる。それは「あなた」の存在がはっきりしてくるのとちょうど「対」になってはっきりしてくる。こうなると、「わたし」は「もっと知りたい」対象として、「わたし自身（おのれ）」と「あなた」の両方を、もっと深いところにまなざしを向けて見るようになる。いずれも、「もっとかかわっていきたい」存在として。

六、世界全体を潜在的な「あなた」にする

このような「あなた」の世界がひろがっていくと、あらゆる「他者」を、「あなた」の延長線上に位置づけることができるようになる。それと同時に、「おのれ」の中の、さまざまな「新し

いおのれ」を発見していく。

世の中のありとあらゆるもののなかに、「あなた」を見つけだし、自らも、それらにとっての「あなた」になっていくようになる。ここまでくると、先の「湯呑み」のときと同様に、第三人称的な「他者」の、「外からの目」でさえもが、「あなた」となりえる者からのまなざしとして、そういう見方をされることもありえるのだ、ということで、自然に「受け入れる」ことができるし、さらに、そういう第三人称的な世界の中の一つ一つの事物を、一種の「親しみ」の思いをこめて、自らの「内なる世界」に取り込んでいくこともできるようになる。それが、いわゆる、「知識の獲得」である。そのようにして「獲得」された知識は、発見のよろこびをともない、自分がそれで「大きくなる」よろこび、世界が広がるよろこびをともなったものであるはずだ。さらに、それは、さまざまな「あなた」にあげる「プレゼント」でもある。知識は「自分が」獲得するのではない。「あなた」とわかちあい、ともにするためのものなのだ。自分自身のプレゼントを「あなた」とわかちあうため、自ら「新しい知識」を生みだそうとするわけである。それは本質的に、おのれを外に出した分身であると同時に、「あなた」と「わかちあう」べきもの、「ともにする」べきものなのだ。

世の中に存在する、ありとあらゆるものが、すべて、潜在的に「あなた」になり得るものとみなすと、それぞれの存在にはそれなりの「由来」（それがそのような在り様になってきた経緯、根拠、歴史）があり、それなりに「もっともだ」とする「わけ（理由）」があることが見えてくるだろう。もちろん、それがすべて「正しい」とか、「妥当なものだ」として受け入れられるとはかぎらないが、それなりの存在の意味、意義について、「内側から見る」ということを、すくなくとも一度は試みてみることで、対象をあらたに「見直す」と同時に、それを見ている「おのれ」も「見直す」きっかけが生まれるのである。

かくして、世界の中の「わたし」、「わたし」の中の世界が、それぞれ、「あるべくしてある」ものとして、しっかりと存在の根を張って、そこに「ある」ことを味わい、受け入れ、それを大切なものとして扱うことを知るのである。

第3章 わかることと生きること

1.「遊ぶ」ということの意味

一、「遊び」と「学び」は渾然一体

「よく遊ぶ」動物ほど学習する能力が高い

「遊び」といえば、教育関係の人はとかくそれを「子どもの遊び」のことだと考えがちである。つまり、幼稚園や保育所で子どもたちがいきいきと、何かに夢中になって活動している姿を思い浮かべ、それが「遊び」なのだと見なすのである。いわゆる「○○遊び」とか「□□ごっこ」とか、「△△ゲーム」などが想定され、そういう「遊び」に加われない子ども、ボーっとしていて「なにもしていない」子どもは、「遊べない子ども」として問題視される。

しかし、遊ぶのは子どもだけではない。大人も結構、遊ぶのが好きである。サルやイヌも遊ぶ。イヌはご主人の顔を見ると「遊んで」もらいたがる。イギリスの心理学者スザンナ・ミラーによると、さすがに「アメーバ」は遊ばないが、ザリガニ、イセエビなどの節足動物、アリ、ミツバチなどの昆虫も遊ぶそうである。たとえば攻撃的なシロアリは、本当の戦いでは互いに刺し合い、手足をもぎとったりするが、「遊び」では相手を刺したり傷つけたりはしない。ミツバチは、働いたりえさを食べたりする以外に、えさがあるはずもない巣箱のあちこちをただ歩き回ったり、密房に頭をつっこんで探索してみたりするのに相当の時間を費やしているという（スザンナ・ミラー著　森重敏・森楙訳『遊びの心理学』家政教育社、１９８０年）。

「遊び」を定義するのはむつかしい。「遊びとは○○のことである」などと言ったとたん、必ず例外が続々と出てくる。遊びは「活動の種類」ではない。「山登り」が遊びの人もいれば、それが仕事の人もいる。遊びはどこまでも遊んでいる当人にとっての意味づけの問題である。ここでは、多少の「例外」もあろうが、とりあえず「その活動がなんらかの別の目的を達成するための手段ではなく、それ自体が目的であるとしか言いようのない、自発的な活動」を遊びだと定義しておこう。「活動の目的」とか「自発性」などは、厳密に言えば当人しか分からないことだから、やはり「遊んでいるか、否か」は、当人しか分からないはずのことである。ただ、いちいち「あなたは遊んでいるのですか、それとも何かの目的でやっているのですか」などとたずね歩いていたのではラチがあかないだろうから、「外から観察して、特定の目的があってやっているとは思えない」、「当人の自発性から生まれた活動としか思えない」ということで、「遊び」を「認定」するという道も認めていただくしかない（ちなみに、アメーバには、「自発的な活動」をつかさどる神経系が存在しないとのことである）。

遊びは「学習」と対立しているかというと、そうではない。むしろ両者はどこかで結びついているようである。スザンナ・ミラーによると、「よく遊ぶ」動物ほど、新しいことを学習する能力が高いという（実際、アメーバは学習能力がほとんどゼロである）。また、かの有名な「天井からぶら下がったバナナを棒で叩き落とす」ことを発見学習する「知能の高い」チンパンジーは、バナナに興味を示す前に棒であちこちをひっぱたいてさんざん「遊んだ」場合だけ、天井からぶら下がったバナナを見て、それを、棒で叩き落とすことを思いつくということである（ケーラー著　宮孝一訳『類人猿の知恵試験』岩波書店、１９６２年）。

このように、「遊び」というのは、あらゆる動物にとって、もっとも根源的な活動といえるものなのだが、それが、現代文明の中で、なんとなくオカシクなってしまった。つまり、「遊び」ということが、まさに「活動形態」のカテゴリーになり、「レジャー産業」という産業による商業活動にゆだねられるようになったからである。私たちはそういう売り物になった「遊び」を、オカネをはらって「買う」ようになってしまった。さらに、大人の世界では、「遊び」といえば、「仕事」の対立語であり、「仕事に疲れたから」、「仕事から逃れるために」遊ぶ。そこでは、「遊ばせてくれる」ことを期待し、「楽しませてくれるハズ」の世界に身を預ける。遊び本来の「無目的性」や「自発性」はどこかに飛んでしまい、「仕事を忘れるタメ」、いろいろなことを「シテクレル」ことを期待し、そのために、オカネを払って「遊ぶ」のである。期待が裏切られると、「損をした」と感じる。

遊びがそのような商業主義と結びつくことは、子どもの遊びにも入り込んでくる。高価なオモチャだけでなく、最近はテレビ・ゲームやしゃべる人形、複雑な動作をこなすロボットなど、ハイテク技術を盛り込んだ「遊べる機器」がどんどん発達してきている。それらはすべて、漫画雑誌、テレビのアニメ番組、映画などと一体化した商業戦略で「流行」がつくられ、消費者からは莫大なオカネが搾り取られていくばかりでなく、子どもたちの生活時間（本来的な意味で「遊ぶ」時間）が奪い取られていくのである。

一方では、最近は子どもの「学力低下」が大問題として騒がれ、全国的な「学力検査」の結果の「公表」をおどしに、地域間の競争、学校間の競争、最近は、学級間の競争までもがあおり立てられている。子どもたちは「習熟度別学級」に振り分けられて、計算ドリル、漢字ドリルに追い立てられ、まさに、「遊んではいられない」のである。現代はまさに「遊び」喪失時代である。

こういうときにこそ、「遊び」とは本来は何だったのかについて、じっくり考えてみる必要があるのではないだろうか。

「遊び」と「学び」は本来、渾然一体のもの

子どもの世界では、遊ぶことと学ぶことはほとんど区別がない。遊びの中で学んでいるのだし、学びは遊び心をともなって生じている。先に述べたように、これが大人の世界になると、全然話が違ってくる。遊びというのは、ヒマつぶしであり、ただ楽しむことだけのためにやることで、そこで何かを「学ぼう」などという気は起こらない。一方、学ぶ（これを大人は「勉

強する」というのだが）ときは、遊んではいられない。我慢して、努力して、一歩一歩、何らかの知識や技能を「向上」させていくのである。

しかし、大人でも、実は子どものように、遊んでいるのだか学んでいるのだか分からないという場合もある。科学者が研究に没頭しているときとか、画家が夢中で絵を描いているとき、というような場合である。「結果的には」それでオカネをかせいでいるのだが、当人にとっては、オカネが目的ではない。ものごとの探究がおもしろくて、「やめられない」だけの話である。関心はすべて、対象世界そのものにある。「これはどういうことなのだろう」「あそこはどうなっているのだろう」「どうやれば、心底から納得できる結果が出るのだろう」……というようなことだけで頭のなかがいっぱいなのである。自分の知識や技能が向上するというのは、クスリの副作用のようなもので、勝手に「伴っている」結果であり、当人にとっては、関心の外にある。事実上は、知識や技能は飛躍的に向上しているのだが。

こう考えると、「学ぶ」ことと「遊ぶ」ことは、本当は、渾然一体となったものであって、両者を分けてしまうのは、まちがいであろう。それでは、どうして両者を「分離」する考え方がはびこってしまったのだろうか。

わたしの考えではこうなる。わたしたちが「学校」という奇妙なところを作って、そこ（学校）では、学ぶ（勉強する）ことを主たる目的とし、それればかりだと疲れてしまうので、休み時間というものを合間に入れて、その休み時間には遊んでよい、というきまりをつくってしまったことに端を発している。それ以来、学ぶ（勉強する）ときは遊ばないし、遊ぶ時は、勉強から解放される、ということで、遊びと学びは真っ二つにわかれてしまった。そればかりではない。大人の世界には、「仕事」というものが入ってきて、「外から」与えられた課題、要求される作業を達成することで、その代償としてオカネをもらい、生計を立てることになり、それこそ「遊んでいられない」事態になってしまった。

勉強時代の到来…「勉強」＝「学び」－「遊び」

人間本来の活動では「遊び」と「学び」が渾然一体となっていたはずのものが、学校教育によって「勉強」が導入されることで、遊びは「勉強」の対立語になってしまった。つまり、「勉強」は「学び」から「遊び」を取り除くことで成立したのである（「勉強」＝「学び」－「遊び」）。

このような、「学びから遊びを取り除く」ことに至らしめた真の原因は、学校制度の導入とともに生まれた「能力」というものである。

今日のわたしたちの世界には「能力」と称するモノがいつのまにかのさばってきている。そして、「勉強」とは、まさに、この「能力」なるモノを高めるための手段としての活動（コレをやると、「能力」を高めることができますよ、ということで行うこと）をいうのである。学校はその「能力」を身に付かせるための訓練所となる。

ところで、「能力」とは何だろう。これはアメリカの古生物学者グールドが『人間の測りまちがい』（S・グードル著　鈴木善次・森脇靖子訳、河出書房新社、1999年）という著書で訴えていることだが、「能力を測定する」と称するテスト（知能テスト）が発明されて以来、人々は「能力」なるモノが実体として存在すると思い込みはじめたのである。

ところで、「能力」ということば、どうして「力」という漢字がくっついているのだろう。「力」というのは、ものごとを動かす原因である。「力」があるから、モノは動く。モノが動かないのは、「力」がないから。同じように、「能力」があれば、よい成績が生まれる。よい成績が生まれないのは、「能力」がないからだ。いつのまにか、そう思わせてしまうところに「能力」の「力（リョク）」の字がある。

たぶん、世界の中には、能力などという概念も言葉もない社会があるに違いない。そんなものを測るだの比較するだのということに、まるで関心がない社会があるに違いない。そういう世界では、「勉強」なるものは存在しないだろう。「学び」イコール「遊び」であり、「遊び」イコール「学び」になっているはずだ。

そのような可能性について、次項で考えてみよう。

二、「できる」ということの意味

前項の最後に、「学び」から「遊び」を差し引いて、「勉強」と称する世界を生み出したのがほかならぬ「学校」であること、また、「学校」が「勉強」という世界を展開させた背後に、「能力」という「力（チカラ）」を実体化（あたかもモノの属性のようにみなす）し、さらにそれを崇めるという「能力信仰」を生み出したことに起因するのだと述べた。

つまり、「能力」は「貨幣（オカネ）」のようにみなされ、「能力さえあれば、なんでもできる」、「能力がなければ、何もできない」と考え、あたかもオカネをため込む人＝カネモチが世の中を支配するように、「能力をため込む人」が世の中を支配する支配者階級になれるのだ、と思わせる。

そうなると、オカネを払って、「能力」を身につけさせる（つまり、「勉強」させる）ことが当然のこととみなされ、オカネモチが、「勉強」に投資して、「能力」をため込み、それをもって、世の中の支配者階級にのし上がろうとする、という風習が生まれる。「オカネのない人」はどうするか。それはもう、あきらめるか、それとも、ひとかたならぬ「努力」をし、刻苦勉励し、難行苦行に耐えて「修行」し、「能力を勝ち取る」しかない。こうなると、「勉強」は、それこそ、「遊んではいられない」話になる。

「能力信仰」の崩壊―ニヒリズム（虚無主義）の蔓延

こうやって、国民全体が能力信仰にとりつかれて、カネモチはオカネをかけ、オカネのない人はひとかたならぬ努力を支払って、「ガンバル」時代がつづいて、気がついてみると、「みんな、(ある程度の)能力モチ」になっていた。「それ以上(ある程度以上)」の能力を身につけることができるのは、一握りの「エリート層」だけに限られ、それ以外の人たちは、ちょっとやそっとの「努力」などでは、どうにもならない世の中になってしまった。

そうなると、今度は、「どこまで〝手を抜く〟(努力しない)こと」で、支配階級から脱落し、さらに、どこまで「手を抜け」ば「生活できない」ところまで「落ちる」かを確かめたくなる。「努力競争のウラガエシ」としての「手抜き競争」(努力しないことの競争)が生まれる。

やってみて分かってきたことは、世の中、かなり「手抜き(努力ぬき)」をしても、ナントカなるということである。そればかりではない。「勉強」のためにオカネを使い、努力を払い、「能力」をため込んで「支配階級」にのし上がった人たちが、世の中の不景気の嵐に吹かれて、リストラされ、あっというまに、「ただの人」以下に転落してしまうのを、多くの若者たちは「見て」(学んで)しまった。

世に言う「学力低下問題」の原因は、わたしの考えでは、別段、戦後の「ゆとり教育」の影響などではない。むしろ、「能力信仰の崩壊」の結果としての、ニヒリズム(虚無主義)の蔓延である。「努力なんかしたって、なんの意味もない」ということを、「学んで」しまった結果である。あえて「学んだ」というのは、「それがホントウだということを、知ってしまった」、ということである。

つまり、こうなった以上、「努力すれば報われるのだ」とか、「能力を高めることが、エラくなる道なんだ」と言っても、誰も心の底から「そうだ、その通りだ、それはホントウだ」とは思わなくなっているということである。(その意味で、最近の学力向上運動——ドリルの徹底、進学競争の激化策など——の「流行」が、真の解決になるとは思えない。一時的に、一億総「エリート層」参入の幻想をかき立てているにすぎない。「ジャンボ宝くじ」なら誰でも大金が当たるのだと思い込ませているように)。

「able」という映画

「able」という題名のドキュメンタリー映画がある。主人公は日本のダウン症のゲン(十九歳)と自閉症のジュン(十七歳)という二人が、日本語が全く通じない米国のアリゾナ州に住むキャサリン・ルビとマーク・ルビ夫妻のホストファミリーのところに数か月間過ごすことになる、映画はそのはじまりから帰国までの二人の生活を撮したものである。

ストーリーの概略はおよそ次のようなものである。

ジュンは地元のギルバート・ハイスクールの特殊教育クラスに通う。そこで、脳の損傷から重複障害を抱えているチャドというクラスメートが何かとジュンの面倒を見てくれる。一方、ゲンはリハビリテーションセンターで仕事のトレーニングを始め、タオルをたたむのが上手であることを見込まれて、ホテルの洗濯場で洗濯された膨大な数のタオルをたたむ仕事につく。そこでは多くの障害者たちがそれぞれ「自分のできること」を喜々として行い、「お給料をもらって」いるのである。

ジュンは日本でもめったに声を発しない少年だったが、キャサリンは、そんなジュンに、毎朝・毎晩、「グッド・モーニング」「グッナーイ」、「グッド・モーニング」「グッナーイ」と話しかけていた。そしてある日、ついにジュンが声をだした。「グッ……ド……ナ……イ」。あまりの嬉しさにキャサリンは思わず夫にすがりついて涙をこぼした。

ゲンとジュンの二人は「スペシャルオリンピックス（知的障害者たちのオリンピック）」のアリゾナ大会に出るために、バスケットボールの練習にはげむが、どちらもなかなか相手のボールを取ろうとしない。キャサリンは日本の親に電話して、「ボールを取る」ようにはげますことば、「トッテ！」を教わる。そこでキャサリンは応援のとき、日本語で「トッテ！」「トッテ！」「トッテ！」「トッテ！」と絶叫する。キャサリンとマークの熱心さに押し出されて、二人は次第に積極的にプレイするようになる……、といった内容である。

映画は全編英語で日本語の字幕付きなので外国映画かと思ったが、じつは、監督は小栗謙一であり、スペシャルオリンピックス日本理事長の細川佳代子の呼びかけで多くの人の寄付を募ってできた日本映画であり、二〇〇一年度（第五六回）毎日映画コンクール記録文化映画賞を受賞している（くわしくは、ホームページhttp://www.film-able.com/をごらんいただきたい）。

「能力」から「力（チカラ）」を抜く

この映画では、知的障害者たちがじつにいろいろなことが「できて」いる。しかし、彼らが「できている」ことは、特定の「できるべきこと」へ向けて「訓練された」とか、「努力を重ねた」ためではない。むしろ、たまたま、「それをすることが楽しいから」、「それなら自分でもできることだから」やってみたところ、それを周囲の人たちが喜んでくれて、応援してくれて、いっしょにやってくれる仲間に支えられて、熱中してやっているうちに、いつのまにか、いろいろな「スゴイこと」ができているのである。

ここには、「能力」から「力（チカラ）」を抜いた「能」（「できる」ということ）だけがある。しかも、そこで「できる」のは、どこまでも、それぞれの人（障害者であろうとなかろうと）の人柄や個性の「自然な延長」として、ごく自然に「できてしまっている」のである。

「できること」は「個性の延長」

幼稚園や保育園で、子どもは遊んでいるうちに「鉄棒の逆上がりができるようになった」とき、それを誇らしげに保育者に報告に来たりする。また、同じ子どもが「前歯が抜けた」ことも誇らしげに報告に来る。あるいは、「奥歯に虫歯があること」さえも、誇らしげに報告に来る。当人にしてみれば、「逆上がりができるようになったこと」と、「昨日、歯医者に行って虫歯を治療したこと」と、どちらも、他人に知ってもらいたい「自分についての大事なお話」であり、他人に認めてもらいたい「自分という存在の、かけがえのないユニークさ」である。どれもこれもが、自分のかけがえのない「個性の延長」なのである。

そういう子どもが一人あらわれると、「自分のスネには傷がある」ことを見せに来る子どもがあらわれたり、「ズボンに穴がある」ことを見せに来る子どもがあらわれたりもする。「何かができる」ということは、本来こういうことと同列のことのはずである。

たとえば、運動会の「練習」で、みんなができる「跳び箱」がぜんぜんできない子どもに、「努力」と「練習」を強いて、なんとしてでも「できるように」してしまうというのは、どう考えても「遊び」ではなく、まさしく「お勉強」そのものだ。そうやって自分の弱点を「克服」すれば、本人に自信がついて、以後、いろいろなことに挑戦するだろうというのが、「教える側」の論理であろう。しかし、「他人より三倍苦労して、やっと他人と同等になれた」ことは、本当の「自信」につながるとはかぎらない。

そんなことより、好きなことを好きだから、ただ自分に「向いていること」を他人の三倍時間と労力をかけ、結果的に、「他人よりぬきん出る」力をつけることは、よくあることではある。野球の「イチロー」にしろ、女子マラソンの「高橋尚子」にしろ、それぞれ、「野球が好きでたまらない」、「走ることが好きでたまらない」ということがまずあり、その楽しさに熱中することのなかで、「ここがもっとできるようになりたい」、「あそこをなんとか克服したい」という目的がつぎつぎと生まれ、夢中になって練習に励むというしだいであろう。

しかも、それを周囲の人たちが賞賛し、支援し、励ましてくれたのである。そのようにして、「傑出したパフォーマンス」を生み出したのは、「能力向上」を目的にした「お勉強」の成果だろうか。私には、そうは思えない。この場合、向上させたいこと、克服したいことは、充実した「遊び」（＝「学び」）のさなかで、その「遊び」（＝「学び」）をもっと充実させたいということから派生的に生まれる「乗り越えるべきこと」なのであって、どういう活動に従事するかは別にして、とりあえず、「能力」だけを向上させようとする「勉強」ではなかっただろう。

イチローや高橋が、「努力すれば、どんなことでもできるようになります！」と言われて、ダイキライなこと（仮に、それが「水泳」だったりしたならば、その「水泳」）を、学校の体育の時間に、何度も練習させて「人並み」になることを強要されていたら、どうだろうか（もしかして、ご両人とも、「水泳、大好き」だったらごめんなさい）。たぶん、あのような大選手にはならなかったに違いない。

三、ハゲミとしての「評価」

前項は、学びから「遊び」を失わせるものとして、「できる」ということ（つまり、「能力」）に関心を向け、それを高めることを目的に据えるという考え方を取り上げた。その考えが結果的に、一方では少数のエリートたちのすさまじい能力競争と、それからはずれた「その他大勢」

にとっての「勉強」の矮小化、「手抜き競争」（どれだけサボっても、ナントカナルかを競うこと）を生み、今日の「学びからの逃走」、「ぜんぜん勉強しないでも平気」という虚無的なシラケ風潮をもたらしていることを指摘した。そして、「能力」という概念を「力（チカラ）」と結びつけて捉えるのではなく、「できていること」ととらえ、本源的に充実した実践活動（＝「遊び」）の中で互いに喜び合い、たたえ合い、賞賛の拍手を送るべきことなのだ、と述べた。

さらに、その「できていること」というのは、活動の外部からあらかじめ設定されるべきことではなく、それぞれの学習者の個性の延長として、自分を「他人に認めてもらえる（賞味してもらえる）」こと、自分でもそれが楽しく、うれしい、自分らしさのあらわれであり、それ以上でも、以下でもないものとする、という考え方を説明した。

それこそが、遊びのなかで「できてしまうこと」であり、そういう「できてしまうこと」を広げるのが、遊びと分離されないホントウの「学び」なのである。

「評価」というバケモノ

「能力主義はよくない」とか、「学びに遊びが入るべきだ」という考え方に、「そうだ、そうだ！」と賛同してくださる方でも、ふと「じゃあ、評価はどうするんだね」ということばを聞いたとたん、口をつぐんでしまい、急にシブイ顔になってうつむいてしまいかねない。学びを「おもしろく」させようと日夜努力を重ねている先生がたにとって、「学校で生徒に学習させる以上、生徒の学習をきちんと評価しなければならないでしょう」ということばほど、「冷や水をかける」効果をもたらすことばはない。

「総合的な学習」で生徒が生き生きと、充実した体験学習している授業を参観した「えらいセンセイ」が、「なんだ、子どもを遊ばせているだけじゃないか。生徒はどういう学力を身につけたんだね」と言われたため、実践していた教師は文字どおり「寝込んで」しまい、ついには教師をやめてしまったというオソロシイ話（実話）がある。

「評価」というのは、「評価スル側」が「評価サレル側」に向けて行うものである。そこには、あきらかに「権力関係」がある。「評価スル側」は「評価」によって、「評価サレル側」を支配し、相手を「変える」のである。「評価サレル側」は、評価内容、評価基準に「あわせて」、学習活動を組織化し、そこに無関係ないしは直接関係しない活動はムダなこととして排除される。

最近は、いたるところで「評価」がもてはやされている。生徒が先生に評価されるだけではない。先生も校長や教育委員会から評価される。学校（幼稚園から大学まで）も「外部評価」の対象とされ、それによって互いの「競争」が激化し、「低い評価」の学校は廃業に追いやられ、「高い評価」の学校だけが国からも、世間からも、オカネやヒトが自然にあつまるというシクミができあがっている。「評価」こそ、今日、教育関係者が一番おそれているコワイことばである。それこそ、「遊んでなんかいられない」気分にさせることばである。

バケモノではなく、ハゲミとしての「評価」

わたしたちは日常生活をふりかえってみると、いつも支配者（目上）からくださる評価に怯え、それに恐々としているのかといえば、それぱかりとは言えないこともあることに気づくであろう。それは、何かが「ハゲミになる」という場合である。

「ハゲミ」というのは、なんといっても、学習者なり実践者が、自分から「感じ取る」ものであって、外部から与えられるものではない。他者が意図的に「励まそう」という行為の結果、「ハゲミになる」とはかぎらない。かえってやる気がなくなったり、うとましく思ったりすることだってある。逆に、相手はそんなつもりがまったくない行為なのに、それを見て「ハゲミになる」こともある。幼稚園の子どもたちのなにげないそぶりに、保育士が大いに「ハゲミになる」こともある。

「ハゲミ」というのは、何かが成し遂げられたとか、完成したという「成果物」があって得られるもの（いわゆる「統括的評価」）とはかぎらず、学習過程や制作過程で「この調子でやっていいんだ」という実感を得る（いわゆる「形成的評価」を得る）場合もある。

「ハゲミ」は他人から得るものとは限らない。自分の周辺に起こる「出来事」で、「ああ、この調子でやっていけばいいんだ」とか、「よし、この調子でもうひとがんばりしよう」という気になるということもある。また、自分自身の成長や進歩を自分で確認して、それをバネにして（まさにハゲミにして）、一層の研鑽に励むこともある。

「ハゲミ」というのは、基本的には、「自己評価」だと言えなくもない。ただ、いわゆる「自己評価」というのは、その枠組みは他人から与えられ、それらの枠組みや基準に照らして、「自分はどうなのか」という「自己点検・評価」である。いわば、自分自身を「他人（外部評価者）の目」で評価をすることをさす。それに対し、「ハゲミ」というのは、外からの枠組みや基準とは無関係に、「わき起こってくる」ものであり、「発見」されるものである。ただそれが、自分の「よさ」の自覚であり、自分で進んでいる方向の適正さの自覚である。

「ハゲミ」の反対＝「シラケ」

「ハゲミは他人から与えられるものではなく、当人が「感じ取る」ものだと述べた。また、「ハゲミ」は人から受けるとはかぎらず、モノゴト、デキゴト、などからも得られると述べた。しかし、ここで考えなければならないことは、「ハゲミ」が周囲の他者と無関係に、完全に当人の「気持ちの持ち方」だけに依存したものかというと、そんなことはない。

周辺の人たちのありようしだいで、「何をやってもハゲミにならない」ということがある。それは、いわゆる「シラケ」が蔓延している場合である。何をやっても、「誰からも反応がかえってこない」とか、「誰も関心を示してくれない」という場合である。嘆きや苦しみがないのだが、感動も興奮もない。燃え上がるような「熱き思い」もないし、「こんなことがあってはならない」という怒りもない。（ちなみに、筆者は学生の研究を指導するとき、「キミの怒りはどこにあるのかね」とたずねる。「怒りがなければ、研究なんてできないよ」と。まさに、怒りこそが研究のハゲミなのである）また、シラケには笑いがない。笑い（ユーモア）というのは、既成の枠組みを吹き飛ばして、表面的な姿のウラを見たときに生まれる。そういうものを見ようともしないのがシラケである。

「シラケ」からの脱出：アプリーシエーション（鑑賞・感謝）

シラケから脱出するには、ものごとをじっくり鑑賞する（appreciateする）ことを広げることである。ものごとのおもしろさ、不可思議さ、大切さ、そして「ありがたさ」をじっくり味わうことである。（英語のappreciationには「感謝」の意味も含まれる）「沈黙の春」の著者、アメリカのレイチェル・カーソンがいう「センス・オブ・ワンダー」もアプリーシエーション（鑑賞）の一つである。世界の不可思議さ、見事さ、美しさなどに「驚愕する」感覚である。

アプリーシエーションは、まぎれもなく、文化的実践である。どんな芸術作品でも、それを「鑑賞する人」がいなければ、まったく何の価値も意味もないものとされ、いつのまにか葬り去られてしまう。つまり、アプリーシエーションは文化を創出し、継承し、発展させるために必要な人びとの営みなのである。

芸術だけでなく、科学・技術の発展も、アプリーシエーションで支えられている。２００２年度ノーベル化学賞を受賞した田中耕一氏の生体高分子の質量分析法は、残念ながら、わが国ではほとんど評価されず、海外で高く評価され、まさに、アプリーシエイトされたことから、すばらしい質量分析装置の開発が実現した。

アプリーシエーションは、田中耕一氏の例をあげるまでもなく、「鑑賞眼」が鍛えられている社会でないと生まれない実践である。一見「つまらないもの」に見えることに潜んでいる「スゴイこと」を発掘し、それをコトアゲして、その「スゴサ」を、多くの人にも見えるようにする、さらにそれを多くの人びとが理解し賛同するというアプリーシエーションの文化的実践そのものを、まさに、重要な実践として広げていかねばならない。

99パーセントの遊びから、1パーセントのひらめきが……

一人のお笑い芸人が、たまたま「遊びごころ」で描いた絵を故・岡本太郎氏に文字どおり「アプリーシエイト」(絶賛)されたことがきっかけで世界的な画家になったジミー大西が、次のように語っていた(「にんげんドキュメント：ぽちぼちいこか～画家・ジミー大西～」NHK総合、2003年7月11日)

「エジソンは、99パーセントの努力と1パーセントのヒラメキやというたけど、あれ、まちがってますね。99パーセントの遊びと1パーセントのヒラメキですわ。ヒラメキが1パーセントというのはホンマやけど、努力が99パーセントというのはウソや。99パーセント遊びでないと、1パーセントのヒラメキも出ませんわ。」

この1パーセントのひらめきを、「遊び」のなかから発掘し、コトアゲし、みんなでそれを喜び合う、つまり、アプリーシエーションの実践の共同体が、今日、私たちのまわりにどれだけあるのだろう。

バケモノとなった「評価」におびえ、笑いを失い、真からの怒りもなく、シラケきった勉強で「能力」だけを追い求めている世界には、「遊び」もないし、そこから生まれるヒラメキもない。

四、「けんかをする」ということの意味

「けんか」をどう仲裁するか

子どもたちが遊んでいるとき、しばしば「けんか」が起きる。そういうとき、オトナ（親や保育士）はどうかかわるべきなのだろうか。これはたいへんむつかしい問題である。なぜなら、オトナがへたに仲裁したために、結果的に問題をこじらせ、当事者同士の関係をいっそう深刻な、修復不可能な関係に追いやってしまうこともしばしば起こるからである。

たとえば、すぐに暴力に訴えて相手を屈服させてしまう子ども（仮にA君としておこう）が、またトラブルを起こして、比較的おとなしい相手（B君としておこう）に暴力的な攻撃をしていた場面に出くわしたとしよう。そのとき、あなたが保育士だったとしたら、どのように対応

すべきだろうか。

あなたの頭に「あ、またAがやったな！」という先入観が入ることは避けられないだろう。ともかく暴力沙汰をやめさせて、双方の言い分を聞くのだが、どうしてもA君をいさめ、B君に「加勢」した仲介になってしまうことになりがちだろう。もちろん、それでうまく「納まる」場合もあるが、じつはここに、いろいろな落とし穴（危険性）がある。

まず、あながたがA君をいさめている様子を、じつは周囲の子どもたちはしっかり見ている。あなたが、心のなかで「あ、またAがやった！」と思って行動しているとき、じつは、周囲の子どもも同じことを思うように、暗黙のうちに仕向けてしまっている。このような「A君は乱暴者だ」というレッテルが知らず知らずのうちに子どもたちのあいだで共有されてくると、それはちょっとやそっとでは変わらない「動かしがたい」先入観（まさに「偏見」）をみんながいだくようになってしまう。そうなると、A君はしだいに孤立してしまい、みんなから疎まれ、遠ざけられ、誰からも「相手にされない」状況に追い込まれてしまう。そうなると、園内でのトラブルは少なくなるが、それはよりいっそう深刻な集団的偏見を助長し、イジメの温床をつくりだすことになりかねない。

そのような経緯で「ボスの座を転落した」子どもが、しだいに誰からも相手にされず、登園しても一日「居場所がない」生活を何年も続け、そのような事態に保育士が気づいたときは、時すでにおそく、「どうすることもできない」まま、卒園してしまったという実例もある。

あるいは、こういうことも起こりえる。つまり、これまでいつもA君にやられっぱなしのB君は、なんとかして「今度こそ、やり返すぞ！」と思って、必死でA君と「わたりあっていた」とする。そこに保育士であるあなたが介入してきて、「またA君がやったのね。B君が泣いているじゃないの。あやまりなさい」といって納めたとすると、A君との関係を「変えたい」B君は、自分の力で新しい関係をつくるというチャンスを奪われることになる。そうなると、そこでも「一応、トラブルは納まる」けれども、事態は全く変わらず、結果的に、「A君の暴力的支配」を強化することになり、「A君にはさからわない方がいい」という固定観念が行きわたる。

この場合も、見かけ上はトラブルが減少するが、子どもたちの遊びは停滞し、みんなはただA君の「ごきげんうかがい」に終始して、新しい遊びを提案したり別の活動グループを形成したりすることができなくなってしまう。事態がひとたびこうなってしまったら、保育士が気づいても、「あとのまつり」である。

「対等なけんか」をやらせる

先日（といっても、数か月前だが）、テレビで大阪の「アトム共同保育所」での子どもたちの生活が紹介されていた（NHKスペシャル　こども・輝けいのち第5集「裸で育て君らしく～大阪アトム共同保育所～」二〇〇三年7月6日放送）。「アトム共同保育所」というのは、地域住民が集まってはじめた自主保育で、保育者の自宅の一部を開放し、保育士を集めて開いた無認可の保育所（ただし、二〇〇三年4月に認定を受けて「アトム共同保育園」となったが、テレビ収録当時は「保育所」であったようである）。やく60分の番組だったが、そのなかでけんかを扱った場面がいくつかあった。

力の強いリクト君はちょっとしたことですぐに手を出す。とくに気の弱いコウヘイ君に対してすぐになぐりつけ、泣かせてしまう。しかも、自分から謝りもしない。あるとき、リクト君がいきなりコウヘイ君をなぐりつけたのを見た保育士は、たまりかねて、所長代理の市原悟子（よしこ）さんにバトンタッチする。市原さんは、ふたりを連れて外に出て、ふたりに「いつもと反対の立場になってみなさい」という。つまり、コウヘイくんがなぐる立場、リクト君がなぐられる立場になれというのである。コウヘイ君には、もっと自分の意志をはっきり出すようにけしかけ、リクト君にはなぐられる身になってみることを促すのである。20分間、ふたりはなんのことばもかわさず、ただモジモジしているだけだったが、先生の「はげまし」で、コウヘイ君はにぎりこぶしをかためて、大変な決意をこめて、超スローモーションでリクト君のほっぺたを「なぐる」。市原さんは小さく「あ〜ぁ、いたくなかったかなぁ」とささやいていたが、二人はそれで満足したようで、一応コトは終わる。

ところが、翌日の夜の「保護者懇談会」で、リクト君とコウヘイ君について前日のできごとを詳しく話したところ、リクト君の母親は、ああそうだったのかと合点がいくようなようすでこんな話をした。「昨夜、寝るときに、リクトがとつぜん、〝オレ、生まれてけぇへんかった方がよかった〟と言い出したんです。〝えっ、なんでやの？〟と聞くと、〝オレ、おこられることばっかりしかでけへん。すぐひとがいやがること、やってしまうんや……〟と言い出したの」とのことであった。市原さんは「ああ、これで確実にリクトは変わるな」と確信する。事実、その一週間後、またなんでもないことでリクト君がコウヘイ君を強くつきとばして泣かせてしまうのだが、こんどは、リクト君のほうが必死でコウヘイ君に「ごめんな！　ごめんな！」と何度も言って許しを請うていた。実際、リクト君はその後、コウヘイ君にも他の子どもにも、「乱暴」はほとんどしなくなった。

リクト君とコウヘイ君の「立場を交換させた」ことについて、市原さんはこういう。

「（ひとは）自分一人の行動では自分をつくれない。ともだちとのやりとりのなかで自分をつくっていく。ただし、そこではあくまで対等の関係でなければ、自分づくりはつちかわれない」。

つまり、リクト君とコウヘイ君の関係について、これまで一方的にリクト君がコウヘイ君をなぐる関係だったことをそのままにしておいたのではどちらも「自分づくり」が育たないと見た市原さんは、思い切って、立場を変えた「擬似けんか」（けんかのマネごと）をやらせて、「対等な関係」を一時的にでも経験させたかったわけである。

「けんかができるように」しかける

「対等な関係」をもたせることこそが大切だとする市原さんは、ユウキちゃんという「自己主張がほとんどない」女の子に対し、「けんかができるように」仕向けるのである。

ユウキちゃんは、絵本を読んだりして、いつもひとりで遊んでいる。たまに他の子どもたちの遊びに、小さな声で「寄せて」と言って仲間に入れてもらおうとしても、「だめ!」、「オレ、ユウキ、きらいやねん」、「(寄ってきたら)どつく」などと言われている。そんなとき、彼女はただだまってその場をはなれ、いつもの「ひとり遊び」にもどってしまう。市原さんはそんなユウキちゃんに、「ユウキ、仲間はずれにされたとき、どんな気持ちなのか話してごらん」と問いかけるが、彼女は「サアネ……」といって話をはぐらかしてしまう。保護者懇談会のときに、ユウキちゃんが仲間はずれにされていること、それについてユウキちゃんの気持ちを聞こうとしたことなどを母親に話すと、母親は、ユウキちゃんが母親にも保育所でのできごとをほとんど話さないという。いろいろ話しかけても、「わすれた」とかいって話をはぐらかしてしまう。

市原さんは機会あるごとにユウキちゃんとじっくり話合い、ついに、ユウキちゃんの口から「ほんとうはみんなとあそびたいねん」ということばを引き出す。「あ、そうなんか。ユウキはみんなとあそびたいんか。そうなんやったら、それをちゃんというたらええんや。なんにもいわんかったら、みんな、ユウキはあそびたくないんやとおもってしまうで」という。そして、「いやなことがあったら、いややとはっきりいいなさい」という。

三週間後、ユウキちゃんが他の女の子にきついことばで何かを言われたとき、わんわん泣きながら「抗議」をする。そばに寄ってきた市原さんに、「これまで、いやなことをいわれても、いじめられるからがまんしていた。だから（保育所は）ぜんぜん楽しくなかった。これまでも、いおうとおもったけど、どうしてもいえんかったんや……」と、泣きながらこれまでの自分の気持ちをすべてさらけ出す。市原さんは、「そうだったんか。これまでは、みんな、わからんかったんや」といって彼女をなぐさめる。

これをきっかけに、ユウキちゃんは他の子どもたちの遊びにどんどん参加するようになり、いやなときは「いやや！」といえるようになる。他の子どもたちもユウキちゃんを受け入れるように変わっていく。

山のてっぺんから谷底に石をなげながら、「ふだんいえないことを思い切り大声でいう」というゲームで、これまでユウキちゃんを仲間はずれにしていた男の子が、大声で、「ユウキ！　泣くな！」と叫ぶと、今度はそばのユウキちゃんが思い切り大声で、「そうだよ！　泣き虫だよ！」と叫びながら石を投げる。表情はどの子もじつに晴れやかに笑っている……。

「対等なけんか」の意義

アトム共同保育所では、子どもたち同士が「対等につきあう」ことを大切にし、そのためには、いわば「けんかをけしかけている」とされかねないことであっても、子ども同士をきちんと向き合わせることをするのである。ここでは明らかに、「子どものけんかにおとなが入る（介入する）」わけであるが、本文の冒頭で「落とし穴」としてあげたような、オトナがむりやりけんかを「成敗」してしまう例とはまったく異なる。むしろ、互いが対等にちゃんと向かい合って、意見をはっきり言い合うことを奨励し、そのためには、一見「けんかをしかける」ように受け取られかねないことも辞さない。

アトム共同保育所がこんな保育をしている（というより、こういう保育観が保育者間で共有され、あらゆる機会に大切にされている）のは、じつは、アトム保育所の保育士たち自身が、まさに、これと同じ過程を経て、自分たちが成長してきた、という実感が共有されているからである。

アトム共同保育所について取材をし、一冊の書物にまとめた横川和夫氏によると、

〝アトム保育所を支える保育士たちもおもしろい〟

市原さんは、「ふぞろい集団です」とはっきり言う。中・高時代はツッパリで、つい最近までは茶髪だった保育士もいれば、専業主婦からバイトのつもりでかかわり、保育に興味を抱いて保育士資格をとったおばちゃんもいる。職員室できびしく批判され、「もうやめたる」と、カバンを放り投げて飛び出す保育士もいる。議論しあって涙を流すのは日常茶飯事。そういうなかで、ありのままの自分をさらけ出し、ぶつかり合いながら、お互いの理解を深め、信頼を高め、人間関係を深くとり結ぶ大切さを学んでいく。

（横川和夫著『不思議なアトムの子育て―アトム保育所は大人が育つ―』太郎次郎社、二〇〇一年　13頁）

「けんかができる関係」でこそ、「けんかで育つ」

アトム共同保育所のテレビを見て、安易な気持ちで、「ああやればいいんだ」などと考えてマネをしても、たぶん、失敗するだろう。アトム共同保育所のこれまでの歴史、とくに市原さんを迎えてからの「大改革」の経緯を見ると、保育士同士がどれだけはげしく議論しあい、それぞれの思いをぶつけ合って、ときには深く傷つけ合うことも辞さないで、とことんまで、「対等にわたりあって」、保育所全体を築き上げ、支え合ってきたことがわかる。まさに、「安心してけんかができる関係」ができあがっているのだ（それ自体が、「対等なけんか」をつづけてきた結果なのだが）。

正直にいって、「うらやましい！」というのが実感である。

いや、うらやんでいる場合ではない。こういう「けんか」を、どんどんできる社会にしていかなければ、世の中ちっともよくならないのではないか。

さあ、みなさん、大いに「けんか」をしましょう。

2.「話す」とはどういうことか

一、「話すこと」のない社会

アメリカに数か月か一年か滞在して帰国し、久しぶりに日本の街を歩きまわったりしたとき、以前は何でもなかったことが大変奇異に感じられることがある。それは、日本という国が、「話す」ということのない社会だ、ということである。

「話す」ということのない社会だというと、全くの沈黙の社会かというと、そういうわけではない。日本という社会には、〝speak〟としての「話す」ことは、やかましいほどある。私が「ない」といっているのは、〝talk〟としての「話す」ことである。

デパートに入ってみよう。エスカレータに乗ろうとすると、奇麗なお嬢さんがていねいにおじぎをして「いらっしゃいませ」という。エスカレータに乗っている間、ラウドスピーカーから、美しいことばで、「いらっしゃいませ。エスカレータからお降りの際は足もとにご注意ください。ぼっちゃん、お嬢ちゃん、エスカレータを降りるときは、手すりにつかまってぽんと降りてください。次は二階でございます。二階は紳士服、洋品、……の売り場でございます……」

売り場には、ただ近づくだけで、何人もの美しい売り子さんから「いらっしゃいませ」の一斉唱和をうける。立ち止まったりすれば、「贈り物でいらっしゃいますか?」と声をかけてくる。

こういう状況は、銀行でも同じである。(しかし、不思議と郵便局にはない!)電車に乗れば、ホームといわず車内といわず、いたるところで、まさに「スピーカー」がけたたましく「スピーク」している。

しかし、よく考えていただきたい。これらの「スピーク」は、銀行のキャッシュ・カードの「指示」と同じである。

カードを差し込む。

「いらっしゃいませ」という文字が出てくる。次に、「振込」、「引出し」、「残高照合」という文字があらわれ、適切なボタンを押すことになる。しばらくすると、「おまちどおさまでした」との表示と、カードや現金が出てきてそれを受け取ると「ありがとうございました。また御来店下さいませ」とかいう表示が出て終わる。デパートで買い物をするときも全く同じである。文字のサインが出る代わりに、美しい女性の口から声のサインが出てくる。こちらはだまったまま、「コレ」とか「アレ」とか「イクラ?」とかいう声のサインを口から出す。適当なボタンを押す代わりに口でいっているだけである。そういうやりとりで生活のほとんどがコト足りるのである。

アメリカではどうだろうか。

ダウンタウンへ行こうと思って、バスの停留所で待っているとする。しばらくすると、見知らぬおじいさんが来る。互いに「ハイ（Hi）」とかいってあいさつを交わす。しばらくすると、おじいさんは、「ここのバスはめったに来ないので困るね」とか話しかけてくる。「いや全くそうだ」とこちらも話しかける。ボソッ、ボソッとさりげない会話をしているうちに、バスが来る。乗るとき、運転手に「ハイ」といってあいさつし、バスの切符を買う。運転手も「ハイ」という。ウインクしてバスに乗る人もいる。「ハウズゴーイン？（How is it going?）」といいながら乗る人もいる。運転手も「ファイン、ファイン（Fine・fine）」と答える。バスに乗っている間じゅう、バスの中で、運転手も客も、みんな何となく、小さな会話を楽しみはじめる。「フットボールは好きか？」、「まあな」、「○○チームはきのう惜しかった」……

デパート近くに着く。「バイバイ」と運転手に告げて降りる。

デパートの売り場に行っても、店員に制服がないからだれが店員かわからない。これがほしいのだが、と思って取りあげると、近くにいた「ふつうの女の人」が「ハイ」といってくる。「これがお好き？」とか話しかけてくる。服装は全くのふだん着であるが胸に「ナンシー」とファースト・ネームが書いてあるネーム・プレートをつけているので、売り子さんだとわかる。

「ナンシー、もう少し小さいものはないの？」

と聞くと、

「チョッと待ってね」

といってさがしてくる。買うことにきめると、ごくふつうの茶色い袋にポンと入れてくれる。そのあと売り子さんとはごく親しい友人のような雰囲気で話しあい、「きのうの休日はどうした?」とか、たわいのない会話をして別れる。

社会のいたるところに「スピーク」があるが「トーク」のない日本と、社会のどこへ行っても「スピーク」はあまりなく、「トーク」がある米国とのちがいは大きい。

二、「あなた」のいない話し方の訓練

私たちは「他人と話す」ことの教育を受けてきただろうか。「話すこと」の訓練は受けてきた。「ハッキリしたいい方」とか、「よく通る声で話す」とか、「ていねいないい方」とか、「わかりやすい表現」とか……。「話し方」に関する本を見ると、スピークのしかたが詳しく書かれている。「みんなの前で」話すことの訓練である。教室で子どもが発言したとき、「みんなにわかるように」いい直させたり、「みんなにむかって」話すように促す。「ハッキリいう」、「キチンという」、「ていねいにいう」ことの訓練が「話し方」の訓練とされる。どこにも、相手となるべき他者その人への「話しかけ」の訓練、「あなた」と呼ぶべき相手との話しあいの訓練がない。英会話の教室というものはある。しかし、日本語の会話の教室はない。「エンカウンター・グループ」とか、「出会いの場」とかの、「語りあうこと」の心理療法的なトレーニングの場はある。

「ふつうの話しあい」のトレーニングの場はきわめて少ない。「話すこと」は意思の「表明」だと思われている。「話しべた」というのは、自分の意思を表明できない人のことだ、と。

しかし私はそうは思わない。

「話す」ということは、「配慮する」ということである。はやりことばめいてきこえるかもしれないが、「気くばりする」ということである。それ以上でもなく、以下でもなく、まさに、ズバリ、「話す」とは「気くばりする」ということである。話し上手とは、気くばり上手のことであり、話しべたとは、気くばりべたである。気くばりする相手は、「みんな」ではない。二人称単数、「あなた」である。「あなた」への気くばりをしていること、そのことが、「話している」ということである。私の定義に従えば、「話す」ためには声もいらない。ことばもいらない。なにもいわなくても十分「話す」ということはできるし、「話しあう」こともできる。ことばとことばの間（沈黙）がもっとも多くを語る「ことば」である。

自動車を運転していて、上手な運転をする人は、車の運転で「話す」ことのできる人である。「そこを通してください」、「先へ行っていいですか?」、「ここは十分注意して通りましょう」、「あっ、あぶない!」、「ありがとう」……こういうことばを、車の動きで示すことがうまいし、他の車のことばを聞きとるのもうまい。へたな運転の人は、メッセージはスピーカーで鳴らしつづけているが「話し」はない。「ソコヲドケ!」、「マガルゾ!」、「トマル!」……。要するに

「話し」の本質は、「意思の伝達」というよりは「気くばり」である。これがあるか、ないか、それが「話し」かそうでないかのちがいである。

日本人の「話し方」に存在する気くばりの大部分は、第三人称への気くばりである。「みんな」、「よその人」、「見知らぬ人」、「お客さん」、「聴衆」などへの気くばりである。必然的に、「トラブル最少の法則」が優先する。まずいコトが起きないように、という配慮としての「気くばり」である。誤解を生じない、機嫌をそこねない、文句をつけられないように、「ていねい」にいっておけばまちがいはない。「大きな声ではっきり」いっておけばよい。

「○○さんに質問なんだけど、……だと思います。どうですかァ」と発言し、「そうでーす」と一斉に答える。きちんと手をあげ、起立して椅子を机の下に押し入れて、「いいですかァ」といい、おもむろに、「意見なのですがァ……」という。

実に明瞭である。誤解の入るスキもない。しかし、「話し」口調ではなく、「きまり文句」を「読みあげ」ているような(しかも棒読みで)、ヘンなイントネーションで叫んでいるのが、「話し方の指導」のゆきとどいたクラスである。

要するに、「次の三つのボタンのうち、どれか一つを押しなさい」というメッセージと、ボタン押しが「会話」なのである。相手かまわず、同じメッセージで、明瞭にコレというボタンを押すのが「わかりやすい」ことばということである。ボタンの押しまちがいのないように、電車の中、デパートの中で、「スピーカー」がガンガンと「スピーク」している。銀行やデパートのボタンには花もようやニコニコ・マークがついている。しかし、教室でも、デパートでも、相互にボタンを押しあって、用事をすませている。ボタンを押しあっているから、能率はよい。まちがいも少ない。トラブルは生じないのである。しかし、どこに「あなた」はいるのか?

三、「ボタン押し」をこえるもの

話すとは応えること

気くばりとしての「話し方」の第一歩は、「話す」ということを「伝える」こととしてではなく、「応じる」こと、応答することとみなすことにある。まず相手がいる。そこからすべての「話し」がはじまる。相手、すなわち、「あなた」その人が、何を考え、何をのぞんでいるかを知ろうとする。そこから、「話しはじめ」が自然に出てくる。これをいおう、あれをいおうと思って授業に臨む教師も、子どもたちに面したら、まず子どもたちひとりひとりを「あなた」として、「きみ」として、ながめなければならない。

「今日の〇〇君はどうかな?」

「△△さんは何を考えているのかな?」

と思って、相手に心をくばっていると、自然にことばが出ている。それが「話し」である。ある程度話したら、今度は相手のことばを待つ。なぜなら、次にこちらが話すべきことは、相手が「応じた」後、応じ直すしかないから。予定していたシナリオ通りにしゃべるのは、「スピーク」としての授業かもしれないが、「トーク」としての授業になっていない。

今度あの子に会ったらあのことを話そう、このことも話そうと心をおどらせて、いざ教室に入った途端、何も話せなくなる。この「何も話せなくなる」のがもっとも自然で、もっとも美しい、最高の「話し」ではないだろうか。話せなくなるのは、話す必要がないからである。相手の「存在」そのものが目前にせまり、「心をくばる」ということが、いきなり達成されるからである。ことばが不要になるから話せない、……こういうすばらしい「話し」を、授業の中で子どもともてる教師は最高だ。

話すとは思い直すこと

誤解のないように万全を期して話すというと、どうしても、「トラブル最少化の法則」か大演説かのいずれかになる。いずれも「話し」ていることにはならない。誤解し、誤解されながら、思い直し、思い直されていく心の柔軟さをもって、話しあっていく、ということが本来の「話し」である。「誤解をさせない」話がすぐれた話ではない。「誤解をさせて、訂正していく」話がすぐれた話であろう。

発見のない「話し」はつまらない。あっ、そうだったのかと思い直し、こういってみたらどうか、と工夫してみる。相手を知り直すだけではない。自分も知り直すのである。話してみることで、自分が何者であり、どういうことを考えていたかを発見し、思い直すのである。これは、相手の眼の中に映る自分を想定するという、「心くばり」の活動の中で自然に自分が見えるのである。相手の眼の中を考えないでしゃべる「スピーク」は、いくらやっても、自己の再発見にはならない。話しながら、心の中でつねに銘記すべきことは、「私はいつでも考えを変える用意があります。どんな小さな手がかりでも示してください。私の思いちがい、考えちがい、ひとりよがり、勝手な想定は、いつでも、どんなことでも、そっくり考え直してもいいのですよ」ということである。ことばづかい、声、身ぶり、もの腰、いい方などは、このことを心の中でつぶやいていれば、ごく自然に、やわらかであたたかく、おだやかなものとなり、ふつうの姿勢の「話しぶり」がにじみ出てくる。

話すとは事態にかかわること

アメリカで何年暮らしても、英語があまりうまくならない人がいる。英会話学校に通いつづけても、どうもうまく英語で話せないという人もいる。そうかと思うと、実に気楽に外人と話し、そううまくもないのに、上手に会話を楽しめる人もいる。そういう人は、いつの間にか、英語もうまくなっていく。

英語で会話のできない人の悩みは、「こういうことは英語ではどういうのか?」という悩みである。英会話の達人は、事柄事態に自分はどうかかわりあうかだけを考えている。日本人が外人の話に入れないのは、この「事態にかかわっていく」ことが不得手だからである。身ぶりでもいい、単語を並べるのでもいい、文法などメチャクチャでもいい、話題になっているそのコトガラに、自分が入り込み、かかわりあっていくと決心すると、気楽になる。「エート、エート、エート」といってもいい、「アノー、アノー」でも構わない。割り込んで、事態にかかわり、自分も何とか話に加わろうとするべきである。必ず聞いてもらえるものである。人はあなたを「あなた」として見てくれる。何もいわなかったら加われないし、話しかけてもくれない。

床屋へ行って、「プリーズ、カットマイヘッド！」（頭を刈ってください）といって笑われたという話があるが、アメリカ人なら、笑って許してくれる。むしろ、よろこんでくれて、そのあといろいろな話がはじまるだろう。

日本語で話しあうときも同じことである。その「場」で問題になっている事態に入れないと、単なる「しゃべくり」になる。たとえ「場ちがい」になっても、「場」の事態にかかわり込むことが必要である。「場」がちがうなら直せばよいのだ。さまざまな「場」の認識と、それぞれへの応じ方を心得るのが「話し」の中核である。演劇の俳優を志す人なら、「食事の用意ができました」ということばを何通り、否、何十通りにでもいいかえられるにちがいない。さまざまな状況の中で、時には敵意をこめ、時には親しみをこめ、時には皮肉をこめ、時には「早くしなさい」という意味で、時には「もっとゆっくりしてください」という意味で……。話しことばは単に真偽をきめる「命題」ではない。「場」の中で意味をもつ。「場」を離れたことばは、「ボタン押し」の暗号にすぎない。語られている内容の、命題としての意味よりも、語られる場での、ことばの機能（はたらき）、役割を知らねばならない。一つ一つの単語で構成される文の意味ではなく、一息で話される文の、まるごと全体のはたらきが、どういう場の中で、どういう事態をつくり出しているかに注意しなければならない。

四、人間の、最も人間的な営み

話すということは、人間の、もっとも人間的な営みである。確かに、何かを伝えるという目的をもって話すことはある。しかし、そういう場合でも、話すということ自体を、人間的に楽しんで悪いはずはない。そう、話すこと、聞くこと、語りあうことは、人間のもちうる最高の楽しみの一つではないだろうか。他人と心を通わせ、呼びかけあって生きる——それが人間であろう。

最近、コンピュータとの対話がいろいろな方面で「問題」になっている。子どもたちが、パソコンに夢中になり、パソコンに話しかけ、パソコンの応答に歓喜しているという。世の「識者」たちはこれを憂えて、人間との対話がなくなると警告する。

しかし、私はその前にいいたいことがある。人間同士の話しあい、語らいが、本当に人間的か？　ボタンを押しあって、テープレコーダーをまわしあっているだけの「対話」なら、パソコン以下である。パソコンと対話してはじめて「人間味のある応答」に接しているとしたらどうだろう。

「パソコンは正直だ。ウソはいわない」

「パソコンはこちらがまちがえてもおこらない」

「パソコンは意思が通じなければ何回訂正してもよい。しんぼう強く待ってくれる」

「パソコンはうまくいくと実に気持ちよく『よくできました』といってくれる」

「パソコンにはウラもオモテもなく、腹をさぐったり、かんぐったりする必要もないし、こちらの腹をさぐられたり、かんぐられたりすることもない」

「パソコンは誤解が生じるとすぐにそのことを教えてくれる」

「パソコンは、この私だけを相手にしてくれる」

……

……

(どうして人間同士がそうでないのか!?)………

もう一つ大切なことは、パソコンの世界には「仲間」がいるということである。本当にひとりぼっちでコンピュータに接している人はほとんどいないのではないか。共通の話題世界を共有して、話がはずむのである。

パソコンが「人間的対話を喪失させる」ことを憂う前に、教室で、家庭で、社会で、「人間的対話」を回復しなければならない。あのわざとらしい「教室ことば」をやめよう。「棒読み」的な意見表明をやめよう（話すように話せ。読むように話すな）。答えを言わせるような発問をするな。

対話文を読もう。シナリオを読もう。一つのことを何通りものイントネーションでいいかえてみよう。言外の意図や「場」での機能を意識していい直そう。相手がどう思うかをはっきり予想しながら話そう。応じ方、きりかえし、やんわりとした受けとめ方、上手な反対意見の表明、「本論」への導入や誘い込み、気をひくことや気をそらすこと、深刻なときに気を抜かせ、気を抜いているときにひきしめるコツ……。こういうことがちゃんと「できる」ことを教えよう。

しかし、そういう技法をこえて、もっとも大切なことは、話す相手を、心の中でしっかりと「あなた」としてとらえることである。だれに話しているのかわからない話し方ではどうしようもない。いまそこにいるその人と、「私」と「あなた」——我と汝——との関係の中にあるものとして意識することである。そのことを、気のあう仲間同士だけでなく、掃除のおじさん、おばさん、駅の切符切りの人、郵便局の窓口の人、デパートの店員さん、街ですれちがう人、……すべての人と「いつでも話ができる心」で接することからはじめたい。

「平和運動」というのは、本質的には、「話しあうこと」の運動だと私は理解している。戦争はなぜ起こるか。話すことをやめて、ボタンを押すから。戦争はなぜ悲惨か。それは、人間が人間を「話しあう相手」としてながめなくなるから。（このことは、別段「軍隊」や「上層部」の人のことでなく、あなたも私も、ひとりひとりがそういう目で人をみるようになってしまうのである。）人が他人を「アカの他人」としてしかながめなくなったとき、そのときはもう「戦争」であり「地獄」のはじまりである。

今日、必要なのは「話し上手」の訓練ではない。ひとりひとりが、他の人を心の中にしっかりとおさめ、思いを寄せ、心の中で語りかけることである。私の中にあなたが住む。対話はそのあと、自然に生まれる。

話すこと――それは相手に伝えることではない。相手が自分の中に伝わり、自分が相手の中に伝わること、つまり、「場がわかる」ということである。

「聞かせる」話がうまい話し方だという迷信は棄てよう。話すことがわかりあうことに導くのがすぐれた「話し」なのである。

3.「うちとける」とはどういうことか

一、うちとけた語りの文

うちとけた語りというものがある。次にあげる文章は、三宅なほみ編『LOGOハンドブック』(CBSソニー出版)の冒頭から引用したものである。第一章のはじめ、谷川俊太郎の有名な詩「かっぱ」が引用され、そのあと次のような書き出しではじまる。

このうた、とっても調子がいいですよね。
このリズムは、どこからきているのかな?
よーくみると、似たような音のことばが多いですね。
「かっぱ」、「らっぱ」、「なっぱ」、「いっぱ」……。
みーんな「っぱ」で終わっている。
ほかにも「っぱ」で終わることばってたくさんあるのかな?
「っぱ」の前に「か、き、く、け、こ」をひとつずつつけてみましょう。(以下略)

この文章がコンピュータ言語ＬＯＧＯ（子どもでも学べるコンピュータ言語）の解説であるというのだから驚く。語りのソフトムード以上に、独創的で高度な内容をいかにソフトに「語って」いるかも紹介したいが、話がわきにそれてしまうのでやめる。

これに対し、うちとけない文章、読者に「語りかける」意図の全くない文章もある。他の例を引用すると引用される方に失礼なことになりかねないので、私がさきの文章を書きかえてみる。

この歌は口ずさむと大変調子がよい。このリズムはどこから来ているのか。詳しく分析してみると、類似した音の単語が多いことが判明する。「かっぱ」、「らっぱ」、「なっぱ」、「いっぱ」等である。これらはすべて「っぱ」という語尾で終わっている。日常言語の中で、これら以外にも「っぱ」なる語尾の単語が数多くあると思われる。例えば、「っぱ」の前に、五十音のカ行「か、き、く、け、こ」の文字を一つずつつけると、次のようになる。（以下略）

おもしろいことに、さきの三宅氏の文章よりも長くなっている。別にわざと長くしたわけではない。どうして「うちとけない」文章のほうが長くなりがちかというと、私自身の内観によれば、次のような理由による。書きながら、細心の注意を払うのは、だれか他人に文句をつけ

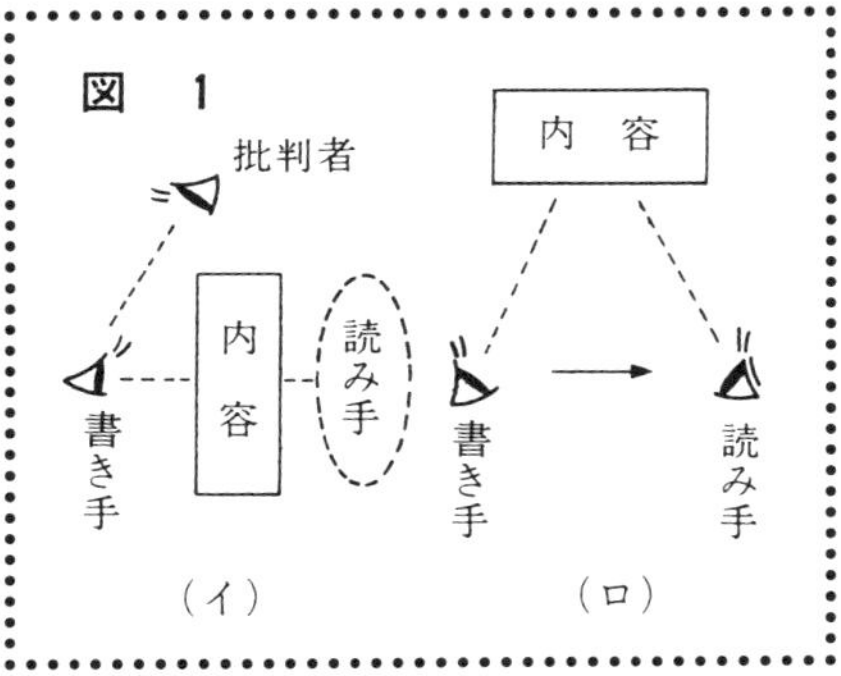

られたくない、ということである。不正解だ、とか、そのような表現は文法的におかしい、とか……。つねに、「正確を期して」、「きちんと」明示しなければならないと思ってしまう。つまらぬいいがかりをつけられたくないことばかりを気にして、「きちんとした文章で書いてますよ」ということを示そうとする。「読者は」一応念頭にはおかれるが、抽象化された「一般読者」である。（図1の(イ)）

一方、いかにも「語りかける」文章の場合は、書き手は徹頭徹尾、読者とともに歩む。肩を並べ、気持ちを同じくし、同じ目の高さで同じものを見ようとする。この場合は、防衛的になるかわりに、書き手のほうから読者に近づくという姿勢で、結果的に誤解や反発を防いでいる。つまり、「うちとけた」語りの文章の場合は、読者自身に寄りそう形で語られるのに対し、「うちとけない」語りの文章の場合は、いわば、「距離をおく」形で語られる。「うちとけた」文章を書くとき、書き手の目の中には、読者がどんな人で、どんな気持ちで読むのかがかなり明瞭にイメージされている。読者の心の動き――同意、とまどい、好奇心、感動など――が、時々刻々の変化としてとらえられている。ただし、この「心の動き」といっても、自分（書き手）に対する感情の動きではなく、そこに示される「内容」に対してのものである。したがって、内容に対する読者の心の動きがつかめないときは、どうしても、多少とも「うちとけない」語り口になっていくだろう。

このようにして、文章がどんなふうに、どんな人たちに読まれるかの状況を、書き手がどれだけ予測しうるかによって、適切な「うちとける程度」が選ばれる。

二、他人とうちとける

新任の先生が新しいクラスの子どもたちとうちとけられない、ということはよくある。あるいは、教室の中の、特定の子どもとうちとけられなくて困っているという悩みもよく聞く。また、子どもたち同士でも、特定の子どもがクラスの中で「うきあがって」しまい、他の子どもたちとうちとけあえない、ということもある。

こういう問題を考えると、「うちとける」ということのむずかしさと同時に、教育として重要なテーマであることに気づく。しかし、一体、人はどのようにして他の人と「うちとける」ことができるのだろうか。

壺井栄の『二十四の瞳』では、新任の大石先生が子どもたちや村人たちとどうしてもうちとけられなかったとき、たまたま「おとし穴」に落ちてアキレスけんを切ってしまう。彼女の入院をきっかけにして、村人や子どもたちがうちとけはじめる。これは小説だからうまくいくのであり、すべての新任の先生がいちいち大ケガをしなければ、子どもたちとうちとけられないというのでは、たまったものではないだろう。

しかし、『二十四の瞳』も、人と人とが「うちとけない」状態から「うちとける」状態に変わるときには、人びとの心の中にどういう変化が生じるものかは、ある程度示されているように思える。

まず、人と人とが新しく出会うときは、何といっても、相手がどういう人かについての好奇心がわき起こる。

また、「こういう人であってほしい」とか、「こういう人だといやだ」といったような期待やおそれが心の中にうずまく。その場合、人は「自分がよく知っている人」や「自分のまわりの〝親しい人〟」を思い浮かべており、それと似ているか否かが重大問題となる。似ていれば安心、似ていなければ警戒する。

大石先生は残念ながら前任の小林先生とはまるでタイプが異なっていた。「相手がわからない」となると、人は防衛的になり、ゲーム理論のミニマックス原理に従って、「最悪の場合」に備えようとする。

相手に支配されることをおそれてちぢこまるか、逆に、強気に出て「先手を打つ」手をとろうとする。悪質ないたずらをしかけてみたり、わざと敵意をむき出しにしてみせたり、あるいは「仲間同士」で結束をかためて対抗しようとする。（ちなみに、このような対応はゲーム理論が余すところなく解明してくれるものだが、ここではあまり深く分析はしない。）

双方が適当につっぱりあって均衡点に達すると、見かけ上は「安定」するが、これは「力の均衡」による安定であって、「うちとける」ものではない。「うちとける」ためには、どうしてもこの「安定」をこわす必要がある。

しかし、この「安定」をこわすものは、「相手に対するミニマックス的評価」（最悪の場合の想定）をこわすものでなければならない。「最悪」の想定の必要がないことに気づくためには、予想外のことが発生することを必要とするようである。ただし、その「予想外のこと」は、防衛的でない、警戒の全く必要でないことでなければならない。大石先生のケガはまさにそういう「予想外の事態」だが、別にそうでなくともよい。

こわそうに思えた先生が意外にやさしいとか、意外にドジだったとか、意外にあわてんぼうだったとか……。のんん気とか、バカ正直とか、ともかく無防備性の点で「意外」でなければならない。

そういう「意外性」は、無理に演技したり仕組んだりしたものであってはかえって逆効果になる。「偶然に」露呈したもので、意図や計画性の入るはずのないものでなければならないのである。そして、そのような「思いがけなく示された」無防備性に、相手も「思わず」（意図や計画もなく）無防備に応じたとき、互いの防衛のカベがこわされ、ミニマックス原理から脱出できる。双方が「思わず」、本心を露呈し、無警戒になってしまった！　これをキッカケにして、「うちとける」のである。

こうなると、人間同士が「うちとけあう」ためには、互いが「思いがけない側面」を、はからずも示すことが必要だということである。

また、そういうふうに自分があらわになることを許す必要がある。「あいつはきっとこうだ。やっぱりそうだった」式の堂々めぐりをしていたのでは、互いの警戒心が高まり、敵意がつのるのみであろう。

このことはまた、他人に対し、「あの人はこういう人だ」と断定してしまうときは、もう「うちとけて」いないのであり、いつも「ひょっとして、もっと意外な面、意外といい面がまだあるにちがいない」という、未知への期待が生じたとき、「うちとける」のではないだろうか。

人間は互いに「意外性」を期待しつつ、ちょっとした偶然のできごとを通して、その「意外にいい面」を発見し、そしてさらに、「もっともっと意外な、もっと意外にいい面があるだろう」として断定を保留したとき、もっともうまく「うちとけあう」ように思えるのである。発見と希望（未知への期待）――これがどうやらミソらしい。

発見と希望を中核にすえてみると、「うちとける」ことと「なれあう」こととのちがいがはっきりする。

「なれあい」の中には、互いの「意外性」の発見も、「もっと意外にいい面があるだろう」という期待もない。「あの人はこういう人だから」という断定の下での甘えや、あきらめがある。

一見うまくいっているようでいて、心は閉じている。相手が自分をこう思っているということを承知の上で、適当にそのように応じており、こちらが相手をどう思っているかをむこうも承知の上で、やはり適当に応じている。そういう「おまえのことはオレが一番わかっている」といいつつ、新しい面の発見や人間的成長には目をつぶって、「わかりあった者同士」のつもりになる。双方が互いに「意外」であることをむしろ避けるようになり、本心を明かさずに「適当」に親しげなふるまいをつづける。

人間の未知性の認識はこのように微妙で、またむずかしい。未知へのおそれが強すぎると、こわばりとりきみが生じる。

未知性を全く期待しなくなると、「なれあい」になる。「うちとける」はまさにその中間にあって、中間にありつづけることである。節度を保った親しさ――これが「うちとけた」関係を保ちつづける条件のように思われる。

三、「コト」へむけてうちとける

なかなかうちとけられない人と、何か共同で一緒に仕事をしているうちに、いつの間にかうちとけていることがよくある。新任教師が子どもたちとうちとける最善の策は、一緒に何かをすることであろう。

一緒に仕事をするといっても、ごくありふれた「定常的な」作業では、「意外性の発見」と希望（未知への期待）が生じない。やはり、どこまでも深く探究できるような素材をもとに、ともに熱中していくのがよい。つまりは、相手の人間に直接目を注いで、「あの人は結局こういう人だ」と断定する人間の性向が、一番自然に回避できるのが、共同で何らかのコトに熱中することなのであろう。「他者の視線」が自分に直接むけられていると思うと、途端にこわばるのは当然である。

また、自分に対して、他人が見向きもしてくれないというのも耐え難い。それが、何か重要なコト、深い真実性をもったコトへむけて、共同で取り組んでいるとき、双方の視線が図1の(ロ)（243ページ）のように、なかば互いにむかい、なかば対象のコトへむけて活動する。これがもっとも「うちとけて」交流できる場をつくり出す。

ところが通常の「授業」ではどうだろう。

先生は教材を子どもに与えて、あとは子どもにやらせてみるだけである。子どもは自分が評価されることを気にして、図1の(イ)の状況の中で、与えられたものをこなそうとする。これでは授業はいかにもぎごちないものとなり、うちとけられなくなるのは当たり前であろう。

武田忠氏の「大仏建立」や「古代発火技術」の授業は、武田氏自らの素朴な疑問や好奇心からはじまり、少し調べてみる、少しやってみることによってますます大きな疑問、大きな好奇心へと駆り立てられ、しだいしだいに高度に専門的な、質の高い研究へといつの間にかひきこまれていく（武田忠著『教育における子どもの復権』柏樹社）。

そのような、モノゴトへ目をむけて、教師自身がわくわくするような好奇心で探究する中に、子どもをまきこんでいくという授業は、ここでいう「共同で探究する視線」の形成として大変興味深いものである。おそらく、すばらしく「うちとけた」教室が実現していたであろうと想像される。

似たような話だが、米国で「ＬＯＧＯ」を小学生たちに教える教室があちこち広まったが、当初のブームが去ると、潮が引いたように沈滞してしまった。

さまざまな原因が考えられたが、そのうちの一つが、何と、「インストラクター」（子どものＬＯＧＯ学習の指導をする大人）がＬＯＧＯを「習得」してしまったことがあげられている。つまり、はじめのうちはインストラクター自身がコンピュータを前にして、「ＬＯＧＯって何だろう」と思い、「あれっ、こんなことができる」とか「こんなことをやらせられないか」と好奇心をもって「探究」していた。そのときは、子どもたちもいつの間にかインストラクターのまわりに来て、「あっ、それはこうやればいいんじゃないの?」とか、「そんなことできっこないよ」とかの、野次や助言をしていた。

図1の(ロ)の視線である。

ところが、インストラクター自身が、一通り「LOGOという言語」をマスターしてしまい、「わかってしまった」状態になった途端、「ハイ、次はこういう形を描き出すプログラムをつくってごらん」とか、「このコマンドはこういうはたらきをします」というように「教えて」しまうのである。

当初、興味をもって「LOGO探索」に参加していた子どもたちが、指導され、評価され、批判される立場になってしまった。教室はシラケて、ぎごちないもの、先生の声だけがひびき、子どもたちはだまって先生の指示に従うだけになってしまった。

子どもと斜めにむかいあって、コトガラを探究する——これがもっとも教育的な「場」であり、「うちとけた」状況をつくり出す。ここで、探究するものがコトガラであること、単なる「やり方」や「手順」でないことに注意していただきたい。

どこまでも、whatやwhyの探究であり、「どうすればいいの?」という手続き的な問題だけを追いかけているのではないことに注意していただきたい。たとえ、「手続き」に関心がむいているときでも、「どうすると何ごとが起きるか?」とか、「どうしてこうやるのがいいのか?」

というような、手続きの背後にある意味についてとどまることのない探究のうずの中に位置づけられた「手続き」でなければならない。

四、「りきみ」をとるには

熱心な教師が一所懸命に授業を準備し、授業案を克明につくりあげて授業に臨むと、どうしても「りきみ」が出てしまう。ついつい先生のヤラセやキカセが多くなり、子どもの側からの「やってみよう」とする意欲、「ここを聞いてみよう」という注意の自発的な喚起が待てなくなる。どうしてわかってくれないのかというくやしさから、「わからないのはこの子どもたちがだめだからだ」に変わり、最後は、「どうせいったってわかりっこない。演習問題でも与えてやらせるか」ということになる。

はじめに「りきんで」いた分だけ、失望も大きく、うらぎられた思いも強く、結果的に、相手を、子どもたちを非難する気持ちが強くなる。どうすればよいか。

まず、うちとけた姿勢をつくる。

からだをほぐし、教壇からおりて、子どもたちの中に入り込み、子どものひとりひとりに寄りそってみる。子どもの位置から黒板のほうを見て、自分が板書したものを子どものまなざしで見直してみる。

「机間巡視」などといっても、子どもを見張る巡査のように巡視するのはよくない。子どものために巡視するのでなく、教師自身が「教師」を忘れて、「子どもになってみる」ために、子どもの中に入り込むのである。ひとりひとりの子どもになって、「学んでみる」ことの練習のために、机間をウロウロするというのが机間巡視である。

教師が、「わたしも君たちの学びにまぜてね」という気持ちになれるために、まさに教師自身のために、「机間ウロウロ」をしなければならない。

ことばに気をつける。語りかけるようなことばをつかっているか。「ともにある」、「傍らにいる」という図1の(ロ)のことばになっているか。

わざと下品な口調にする必要はないが、少し「くずし気味」の、子どもたちが日常教室外でよくつかっているいいまわしを取り込んで語る。声を投げつけない。

また、声を自分だけの中にこもらせない。声を差し出し、子どもたちの目の前におく。子どもたちの発言、どんな小さな発言も無視しない。すぐに応じられなくともいい。しばらく間をおいてから、「そういえば、さっきの○○さんのいったこと、こういうことだったのかな?」と取り上げるようにする。

大切なこと、本質的なこと、本当に真実性のあること、本当に美しいこと、本当にすばらしいことをいつもいつも、しっかりと心にすえておくことである。

どんな小さなキッカケからでも、そこへ引っぱりこんでしまえるような心づもりがあれば、あとは安心して「うちとけて」いられる。

本当に大事なことの中核をつかんでいないとき、ギクシャクと小さなことにこだわり、予定通りのことをみな話さねばという気持ちに押し流されたり、まぜっかえす子どもにふりまわされたり、ふりまわされそうなことをやたらに警戒する。

教材の中心、だれが見ても「これが本当のことだ！」と感動できるだけのものをしっかりとつかんでいるなら、それを心の中できっと見すえているなら、授業には「ハリ」が出てきて、ひきしまり、それでいてみごとに「うちとけあう」ことができる。どこまでも教材の真実性を掘り起こして授業に臨むというのが「授業の準備」であって、「あれをいったあと、これをやらせよう」のプランだけで授業に臨んでも、どっこいそうはいかない。それが「こわばり」や「りきみ」を生み出してしまうのである。

4.
「笑う」とはどういうことか

一、笑い——理解の底流にあるもの

私はいろいろな大学で講義をする機会があるが、学生たちが「よい感じ」で笑ってくれるときはとても講義がしやすい。とくに笑わせようと思うわけではないが、どっと笑ってくれると、講義をしている側は一瞬ほっとする。もっとも、私は目をつぶったまま講義をする妙なクセがあり、笑ってでもくれないかぎり、目の前に学生がいることを忘れて、ひたすら独白的世界にのめり込んでしまいかねないのだが。

笑いは人間の「自然さ」のあらわれである。ごくふつうの姿勢であり、ホンネの表出である。一方、講義というのは、人間と人間との対話形式としては大変「不自然」なものである。本来は「対話」とはいえないはずのものである。授業という場面でのこの不自然さは、「発問」を適切に導入して、ある程度は克服できるだろうが、それでも一種のギゴチなさ、わざとらしさはぬぐい切れない。

講義をする側とされる側が、同じ「人間」という基盤に立っているという実感、講義内容がいかに専門用語で武装されていても、その同じ「人間」の自然な営みの成果であるという実感……、こういう「自然さ」を回復するためには、みんなで一緒に「笑ってみる」しかないのではないか。「発問」によって「答え」を引き出すのは、形の上では自然な対話のようだが、人間の営みのもつ「おかしさ」を底流にものを考えるという姿勢がなければ、自然な発想は生まれないし、対話も自然にならないだろう。

授業を少しでも自然なものにし、授業内容、すなわち、知識そのものを、本来の人間的営みとしてとらえるためには、「笑ってみる」姿勢、おかしみを感じとる感受性がどうしても必要なことではないかと思う。

いわゆる「笑わせる」授業というものがある。授業で扱う知識内容と離れて、話術として、笑わせるタネを仕掛けるのである。

しかし、こういう笑いはどこか空《むな》しく、本来目ざすべき「自然さ」の回復にはならない。別にどっと「うける」必要はないだろう。どことなく、人間という存在のおかしな面を「おかしい」として、一緒に笑ってみるという気持ちこそ大切だと思われる。そのような姿勢は、講義する者とされる者が、ともに同じ基盤でものを見るということの基本であり、「対話」というものが生まれる必要条件であろう。

人間の営みの中の「おかしさ」に対する感受性を高めることは、何もよい授業をするためばかりのことではない。むしろ、ものを考えるコツであり、「わかり方」の最良の策でもある。

その意味で、笑いのある授業というのは、単なる「授業技法」をこえて、教育的なことであり、人間らしさの育成でもあると考える。反対に、笑いのない授業は、知識をうわすべりの形式で考えるクセをつけ、「人間」という次元から遊離させ、当たり前のことへの共通感覚を失わせるのではないだろうか。知識のもつウソっぽさに慣れっこにしてしまう。これはきわめて、非教育的なことだといわねばなるまい。

二、参加としての笑い

本郷近くに自然食のレストランがある。私の研究室からは少し離れているので、ごくたまにしか行かないが、自然食料理もさることながら雰囲気が好きで、ときどき行ってみる。レストランの中は大きなテーブルが二つある程度だから、必ずといってよいほど他の客と相席になる。

先日、そのレストランで知人と食事をし、たわいのない話をしていた。しばらくすると、外人（といっても日本語はペラペラ）と日本人の女性同士のカップルと相席になって、向かい側で食事をはじめた。

私たちのほうがさきに食事を終わったのだが、店の女主人のすすめもあり、「たまねぎパイ」なるものを試食することにした。「タンポポの根のコーヒー」と「たまねぎパイ」を注文し、どんなものが出てくるかと楽しみにしていたら、あらわれたパイはデザートのようでデザートでなく、オカズのようでオカズでなく、見かけはアップルパイのようであるが口に入れてみると……「なんと、これはまぎれもなくタマネギである！」

私が思わず声をあげてしまったとき、向かいにすわっていたカップルの外人さんのほうが思わずプッと噴き出した。店のあるじは、「でも、ヨーグルトがたっぷり入っているのですよ」といって、必死にそれがデザートとしての資格があることを強調し、私は「やっぱりこれは（単なる）タマネギだ！」といった。もちろん、カッコ内はタマネギと一緒に呑（の）み込んでしまったことばだが。

私はそのときの、向かいの外人女性の「笑み」がとても印象に残った。その横にいた日本人女性はブスッとしていて、何事もなかったように「無反応」であったが……。

この場合、「笑う」ということが、彼女たち自身の談話世界をとびこえて、こちらの談話世界に一瞬「参加」したことを意味している。彼女たちの談話世界が何であったかは知らないが、その中の外人女性のほうが私たちの談話を「聞き」、それに「応じ」たのであり、その意味で、前節で述べた「話し」が発生したのである。

いま思うと、そのときは私はその外人女性に話しかけるべきだった（その笑みに「応じ」るべきだった）と悔やまれる。

もしもそうしていたなら、お互いの談話世界はたしかに広がったにちがいなかった。もっとも、その外人女性の相手をされておられた女性のほうは、「無反応」によって、そのような「参加」を無言のうちに拒否していたわけで、私に一種の気おくれを感じさせたことも確かである。「そちらの話に加わるまい」という構えを示されたようにさえ思えた。

「笑い」が一種の「参加」であるとわかった途端、前に述べた「笑いのある授業」のもう一つの側面が見えた。つまり、「笑いのある授業」では、生徒や学生たちが授業に参加してくれているということなのである。

それに対し、「笑いのない授業」というのは、知識への参加ではなく、知識の単なる「伝達」に終始している授業なのである。

三、逃げとしての笑い

笑わないということは、一種の身構えであり、自己防衛であり、参加への拒否だといえよう。それでは「笑うこと」はすべてその逆かというと、そうではない。「逃げとしての笑い」というものがある。いわゆる愛想笑いやうす笑いがそれである。逃げとしての笑いを浮かべている場合、人は本心をかくしている。本心が外へあらわれるのをおそれている。他人が自分の「本心の世界」に入り込んでくることに、ビクビクしてこわがり、逃げ腰になっている。

真剣に叱《しか》られているのにニヤニヤとうすら笑いを浮かべている非行少年、大切な問題を話しあおうと近づいているのに、どことなく「とりつくしまのない」態度でうすら笑って目をそらす人……いずれの場合も、笑っている目が定まっていない。どことなく「空」にむけて笑っているのである。「こちら」を見ているようでいて、視線は微妙にずれており、肩をとびこえてうしろへすりぬけている。

笑いは仮面であり、仮面の目には、一点を正視する視線はない。じっと見て笑う、目が合って笑うのではない。見ないで笑い、目が合うことをおそれ、目をそらせて笑う。意味があって笑うのでもなく、理由があって笑うのでもない。ただ、何となく笑みを浮かべている。

自分を忘れて、ことがらの世界に入り込んでいくとき、人は少なくとも「うす笑い」はしていない。事態に入り込めず、自己を忘れることができないとき、人は「何となく」笑う。

逃げの笑いはこのような愛想笑いやうす笑いとはかぎらない。茶化したり、ふざけたり、わざとおどけたりする逃げもある。これは他人の視線を避けるのではなく、「話題」を避けるのである。だれかを笑いものにするというのがよくやる「手」である。他人の欠点をあげつらって笑っているかぎり、己は安全である。他人を茶化し、笑いものにしていると、一応「仲間」は笑ってくれる。しかし、茶化された人は「仲間」から外される。みんなは、今度は自分が「仲間外れ」にされるのではないかとおそれてうすら笑いを浮かべてじっとしているか、あるいは何か別の茶化すタネはないものかとさがしまわる。

笑わせようとするとき、人は「仲間」をほしがっている。「仲間外れ」をこわがっている。しかし、それは自分の「本心」を示しての「仲間づくり」でなく、「本心」をかくし、他人の視線を自分からそらす形で、いわば、とりつくろった形での「仲間づくり」である。

当然、そういう「仲間」には不安が支配する。人は不安から逃れるため、無意味に笑い、茶化して笑い、おどけて笑う。「ふざけ」による引きつった笑いは人間理解としての「おかしさ」からのものではなく、仲間から外さないでという叫びであり、むしろ悲鳴に近い。

四、信頼としての笑い

逃げない笑いはとても美しい。目が合う、ふとにっこり笑う。そこにはおそれというものがない。信頼がある。相手に対する信頼以上に、自分自身に対する信頼がある。裏も表もなく、まっすぐであるという自分自身に対する信頼が。だから視線もまっすぐで、ゆれがない。

アメリカに留学してしばらくの間、私はときどき大学のキャンパスの中や校内の通路で、人に出会うたびに、一種のとまどいを感じた。

それは、すれちがう美しい女子学生が（アメリカの女子学生はみんな美しい！）、目が合うと必ずにっこりほほえむのである。不思議でしかたなかった。私は背低で胴長、およそハンサムとは程遠いことは十分承知しているから、むこうが私に「気がある」とはとうてい思えない。もちろん、男子学生と目が合ったときも、むこうは何となく「ハイ」と小声でいったり、目くばせしたりするのだが、やはり美しい女子学生ににっこりほほえまれるというようなことは、生まれてこのかたとんと経験したことのない部類のことでもあり、なんとも気恥ずかしいような、うれしいような、どう対応してよいかとまどってしまった。

そんなとき、いま思い返すと、私はブスッとしていたと思う。どだい相手に気があるとかないとか、そういう低次元のことしか思いが至らないということ自体、心がまっすぐでない。「ヤマシイ心」とまではいかなくとも、やっぱりそれに一脈通じないでもない気が生じていたのかもしれない。(弁解はできまい。事実、彼女たちはみなすごく美しかった!)

しばらく住んでいるうちに、こういうことにも慣れてしまい、女子学生と目が合ってにっこりされても、むこうがこちらに気があるなどというバカげた妄想が心をよぎることはなくなった。目を見て微笑み返すこともできるようになった。

しかし、そのように素直に、まっすぐに女性を見ることができるようになるには、やはりアメリカ社会の中での男と女との、黒人と白人との、老人と若者との、「ごくふつうの」人間的対話の豊かさに慣れる必要があった。

そして何よりも、私自身が、ひとりの「人間」であること、彼らの仲間であるということに、自信がもてるようになったことにもよるのである。

自分自身をも、他人をも、まっすぐに見るということは、なかなかできないものである。(少なくとも、私にはそうである。)すぐに裏を勘ぐる。疑いの心をもつ。それらに比例して、微笑みが消えていく。そうじゃない、きっとそうじゃない、素直に受けとめて、素直に返そう、人間てすばらしいはずだ、美しいはずだ、信頼してよいはずだ……微笑みがもどってくる。

私の身のまわりにも、そういうすばらしい微笑みをもっている人が何人かいる。ああ、あの笑いだ、あの微笑みだ、まっすぐで、くったくがなく、信頼に満ちた微笑み。

私の心に大切におさめ、心のはげみにしている。自分自身への、他人への、本当の信頼がどういうものかを、ことばでなく、無言の語りかけで教えてくれる、そういう微笑みを私は大切に、大切にしている。

五、ゆるしとしての笑い

笑うということは、ゆるすということである。自分が至らない、ということをゆるす。自分がドジであることをゆるす。自分がものわかりの遅い、ダメなところのあることをゆるす。自分がどうにもしようのない、やっかいなものであることをゆるす。自分が人間であることをゆるす。そう、人間であることをゆるす。他人を憎み、傷つけ、誤解し、誘惑に負け、落ち込み、……そういう弱く、あわれな存在である「人間」であることをゆるす。大阪弁でいえば、「人間て、アホや」。

自分をゆるしているとき、人は自然に他人もゆるせるようになっている。他人の失敗、誤解、ひどい仕打ち、……もう頭へきそうだ。でも、私だってそうなんだし、あなたも人間なのだ、ということか。ああ、人間て、やっぱりアホや。

授業をしながら私はよくドジをやらかす。得意になって説明しはじめるのだが、途中で自分自身わけがわからなくなる。アレーッ、こりゃどないなっとるんや？　みんなも私も大笑い。

専門用語ばかりでむずかしい議論になり、「○○理論によりますと……」式の話に終始しがちなとき、私はふと自分自身を「アホな人間」に身をおいて考え直す。ふつうの日常的な話にもどしてみたくなる。そんなとき、極端にとぼけた考えをぶつけてみたくなる。

額にシワをよせて深刻ぶって、実感をともなわないタテマエばかりのことに四苦八苦している姿を、アホな人間の立場からながめ直し、「そんなにムキにならなくていいんじゃない？」と自らを自然体にもどす。

深刻な状況をふと外からながめ、マンガ的にとらえ直してみる。心のどこかでつっぱっていたところの力をぬいてみる。

「むずかしいことはよくわからないけど、……」というような、アホな立場でもわかる話が何かを考え直す。

すると、ふと大切なことを見落としていたことや、当たり前のことを見失っていたことに気づき、ああなんて愚かだったかと笑ってみたくなる。

アインシュタイン博士の逸話。

博士が手を洗うせっけんでヒゲをそっていたのを見たおせっかいな人がこういった。

「博士。ヒゲをそるときはヒゲそり用のせっけんをお使いになったらどうです?」

博士いわく、

「二種類のせっけんを使いこなすなんて、あまりにも複雑すぎて、私にはとてもできそうもないよ」

アインシュタイン博士といえば、あの飾り気のまるでない、天真らんまんな顔を想い出す。いつもいたずらっぽく笑っている顔を。ずいぶん昔だが、博士がカメラにむかって思いっきり長く舌を出して「アカンベェ」をしている写真を見たことがある。目がいかにも優しく、また楽しげであったことも。

正村公宏氏の『ダウン症の子をもって』(新潮社)は、障害のある子どもと親との、文字通りの苦闘の記録である。とくに母親の苦闘は想像を絶するものである。しかし、そのような苦闘を通して、母親は何かを学んでいった。

障害のある子が生まれる前の自分を振り返って、母親は次のように述べている。

「……だいたい私は、手のゆきとどいた母親ではなかった。上の子のときもそうであった。幼児の時にいろんなことを教え込むということもしなかった。……(中略)……

子どもは、かわいいというより心配なだけだった。……(略)……また一方では、子どもといっしょに遊んでやることの少ない自分を責める気持もあった。そんな数年を経て、私は、自分が幼児を育てるには向かない性格であることを認識した。……（略）……私は子どもに没入することができなかった。子どもにものを教えるというよりは、子どもは母親を見ながら学んでくれる、と思っていた。」（三四―三五ページ）

このように述べていた母親に、否応なしに、際限なく配慮と世話を要求する子どもが生まれ、何もかもうばってしまう。

「何もかも失ってしまったような生活、私は自分を取り戻したいと思う。」（三五ページ）

どれほど多くの「配慮と世話」が要求されるかは、次のような記録からうかがわれる。

「一、洗濯機をかけたまま、二階で用事をしてもどってみましたら、洗濯機のなかに、なかみのはいったクレヨンの箱、オモチャの自動車、物差し、雑巾、ゴム手袋など、手当り次第に投げ込まれたものが、洗濯物といっしょに、アワのなかでゴツゴツと回っていました。

二、ストーブにかけておいた煮物をおろして、フタをあけてみると、赤いクレヨンがドロドロに溶けて、クレヨンに巻いてある紙がペシャンコになって残っていました。隆明のつくった『やつがしらのクレヨン煮』は、ゴミ箱に直行しました。」（五九―六〇ページ）

………

「私の部屋や兄の部屋のインク瓶の蓋をあけ、逆さにして全部あけてしまうなどというのは序の口であった。ある時期には、物を二階から落とすことの面白さを発見し、大人が眼を離したすきに、家のなかのものを手当り次第に投げていたことがある。目覚し時計、私のテープレコ

ーダー、その他いろいろなものがその被害にあった。……」（父親の記録、六二ページ）

ある〝母の日〟の朝、隆明君は五時半に起き出し、ご飯を食べようとする。母親は食事をさせてもう一度寝かせようとしたがまたすぐに起き出す。しばらくすると、下でゴトゴト音をたてていたがシーンとなる。心配で降りていき、あちこちさがしたがいない。やっとさがしあてたのが昨夜入れたままで冷え切った風呂の中であった。そのままあわてて出してしまうと風邪を引かせることになると思い、ガスの火をつけて母親も一緒に入る。

「どんどん温かくなるお湯をかきまわしながら、『隆明、今日は〝母の日〟なのよ。朝の五時半から起こされるなんてつらいね。』と独り言のようにボヤイていました。それでも、いい温度になるころには、一緒にお風呂につかりながら、ジャングルジムの歌を歌っていました。

彼がひとりでせっけんをつけたので、すすいでやろうと腕のなかにかかえてやると、私の顔を見上げてニッコリ笑いました。私は、『タカアキ！　あんたは可愛いよ』といいながら、頭をこすってやりました。」（六五ページ）

私は障害のある子どもの笑顔がとても好きである。あけっぴろげに笑う子どもたちの目には私たちのような人間への「ゆるし」がある。

また、そのような子どもたちを、一分一秒の休むひまなく世話をしている人たちの笑顔も好きである。すばらしい明るさがあるから。そこにもまた「ゆるし」があり、真に「ゆるされた」者の心の安らぎすらある。

死期の近い患者の世話をする看護婦さんの何と明るいことか。さわやかにあらわれ、手をとり、声をかけ、冗談の一つもとばしながら下の世話をし、かすかな声で訴える口もとに耳を近づけ、しっかり手をにぎって、元気を出してください！　また来ますよ！　といって出ていく。

人間のみじめさを知り、それとかかわり、それとたたかってきた人がかちとった本当の笑い――それは、その人にとっては人間の讃歌、見るものにとっては、人生の応援歌である。

5.「泣く」とはどういうことか

一、人は泣く

人は泣く。赤ん坊は泣く。子どもも泣く。大人も泣く。老人も泣く。男も泣く。女も泣く。人間はみな泣く。人間だけが悲しんで泣く。よろこんで泣く。おこって泣く。感動して泣く。自分のために泣く。他人のために泣く。正義のために泣く。愛のために泣く。安っぽく泣く。だまして泣く。気どって泣く。自分を意識して泣く。われを忘れて泣く。シクシク泣く。ハラハラと泣く。ワァワァと泣く。オイオイ泣く。

こんなに多様な泣き方を、人はどうやって身につけるのだろう。どうやって、こういう多様な「泣き」の背後にあるものがわかるようになるのだろう。

私は思うのだが、泣くということは人間の、人間らしく生きる技能(スキル)であり、「泣ける」というのは一種の能力だ、と。

つまり、人間は泣くということによって、〝人間らしさ〟を回復し、それを育てる。また人間らしくなればなるほど、〝より深く泣く〟ことができる。このように本当に泣くことができるには長い年月を経て「修業」しなければならないし、「本当に心の底から泣く」ということができる人はまれであろうということでもある。

しかし一方、泣き方には虚構性がつきまとう。ウソ泣きと本当の泣きとの区別は大変むずかしい。ともすると、泣いている本人すらわからなくなるほど、「泣く」には虚構性がしのびこみやすい。だまされやすく、だましやすいのだ。殺人の被害者の葬式で、一番派手に泣いていた人が犯人だったということがよくある。

ところがそのような虚構性や欺瞞《ぎまん》を避けてつっぱっていると、今度は全然「泣く」ということができない、つめたい人間になってしまう。感動しようとしても抑制がはたらきすぎて心がひからびてくる。

「取り込まれる」ことをおそれるあまり、いつも冷ややかな傍観者になる。気づいたときは「人間味」がすっぽりぬけ落ちている。泣くということは、このようにむずかしく、サーカスの綱わたりのようなものなのである。

二、「個人的きずな」によって泣く

数年前、久しぶりにアメリカに渡り、ひとりで二か月ほど暮らした。その二か月間は、アパートと研究室を与えられ、なんとか暮らせる生活費が与えられるが、全く何の義務もない自由な時間であった。

はじめの数週間、私はもう歓喜して「時間をむさぼる」ように、夜は遅くまで考えごとにふけったり、昼間は図書館で本を読みあさったり、夕方はやたらに歩きまわったり、夕食後は古い映画を観にいったりしていた。

家族には申し訳ないが、ホームシックのホの字も感じないで過ごしていた。私は「自分の世界」がもてることに無上の喜びを見いだし、「自由」を満喫していたのである。

ところがあるとき、道を歩いていたら、ふと、三歳ぐらいの子どもがはげしく泣いているのを見かけた。何ともいいようのないみじめな顔をして泣いていた。それを見たとき、心臓に〝痛み〟が走った。

突然私自身の中に「日本からの距離」の実感がわき起こった。自分というものが、日本のわが家とつながっている。しかも、遠く離れている、という実感であった。それまでは、私が、この異国の地で何かの事故で死ぬことがあっても、単に「自分の世界」が終わるというだけのことのように、別にそうはっきり意識していたわけではないが、何となくそう思っていた。しかし、その泣いている子どもを見たとき、私はわが家の同じぐらいの年齢の子どもを想い起こした。そして不思議なきずなを意識した。たしかに、個人的に、人と人とを結んでいる長い長い糸のようなものを、である。

その夜、私は日本にいる家族や友人、知人のひとりひとりとの出会いを想い起こしていた。そのひとりひとりに対し、もしもその人に不幸なことが起こったら私は泣くということ、また、私に不幸があればその人は泣くだろうということ、つまり互いに泣くことができる「縁」のきずなを感じた。

「泣く」というのはそのような個人的なきずなを求めあうことだと思った。そういうきずなを自分から求め、相手にも求めてもらいたいとき、私たちは泣くのである。つまり、「泣く」きずなには人名がついている！

人類のためとか、国家のためとかいって泣くのはどこかウソがある。人はもともと個人的なきずなで結ばれた相手にむけて、また、その相手を想って泣くのである。私たちは泣くとき、それは個人的に泣くのである。泣くということは根本的に私的であり、また、特定の個人に対し共感的なことなのである。

そして、人間というものは、そういう〝個人的きずな〟を広げて他人と結ばれる。〝他人〟にも生活と歴史があり、名前があり、愛する人があるということに想いを馳せたとき、その人の苦しみに共感し、泣く。その人の〝泣き〟に個人的に応《こた》えることができる。そのように〝泣きあう〟ことのできる関係をどこまでも広げ、私たちは互いに、この地球上に、しっかりと網目をはりめぐらしていく。互いに相手のためにいつでも泣くことができる関係の網目を。

三、「善意の緊張」への共感

泣くということは無力になるということである。無力になる前には、緊張があったはずである。一種のつっぱりである。むきになる気持ち、がんばっている気持ちである。それがふっと解きほぐれたとき、つめていた息を吐き出すように泣く。

緊張があるというのは、人が一所懸命だということである。何かについて、「かくあるべし」とねがい、そのために労をおしまずに全力疾走している。息をつめて走る。ところが、これが思うようにはいかないのである。

どうにもならない障害にぶつかり、刀折れ矢尽きた状態になる。そのとき、力がぬけて泣く。あるいは、自分が一方的にこの方向が正しいと定めて全力疾走していたら、その方向には何もなく、全く別の方向に進むべきだったのだと知ったとき、泣く。

いずれにせよ、泣くことの背後には、その前段階として、強烈な「善意」(よかれとねがう心)がある。たとえそれが見当ちがいの方向をむいていたとしても、その善意からくる努力があり尽力がある。夢中で行うガムシャラさがある。ひたむきさがある。そして突然、それが「ぬける」のである。

善意のひたむきさが裏切られると泣くが、みごとに報われたときも泣く。

過日、山田洋次作及び監督の「幸福の黄色いハンカチ」という映画をテレビで観た。高倉健演ずる主人公が、殺人を犯して牢《ろう》に入り、妻の幸せをねがって離婚してはいたが、刑期を終えて出てきたときかつての妻に会いに行くべきか否か迷っている。もしも他の男と結婚していたらと思うと会いに行けない。相手の幸せをあくまでもねがうからである。その善意の中で、やはり必死でつっぱっている。それを旅の道中で知りあった若者たちに励まされて、ひきずられるようにして自分の妻であった彼女のいる家の近くまで連れてこられる。

目印は黄色いハンカチだ。それが煙突のてっぺんに結びつけられていたら、彼女は彼をまだ待ちつづけている証拠であり、何もなければすでに他の人と結婚していることになる。丘の上から見まわす。ハンカチは見えない。もっと先か……あっ、あった、あった。ハンカチは一つどころか何十、いや何百と、風にはためいているではないか。

観ていた私は涙がどうにも止まらなかった。ところがくやしいことに、一緒に観ていた娘ども（そのころ八歳と十歳）ときたら、泣くどころか、「そろそろパパは泣くぞ」といわんばかりに、いいところでこっちの顔をのぞき込む。

彼女たちは映画よりもこっちの泣き顔のほうがよほどおもしろいのか、大ニコニコで人の顔ばかりチラチラ見る。コラッ、ちゃんと映画観ろ！　と叱りながら、こっちはどうにも涙が止まらないのだから始末におえない。

このように、泣くということの前提として、善意の緊張感が共感されなければならないとしたら、そういう善意の緊張感を共感し理解できない子どもには、泣けないのが当たり前である。

一方、やはり子どもたちを連れて、「森は生きている」という映画（アニメーション）を観に行ったことがある。そのときは、末の子は顔中クシャクシャにして、文字通り泣きじゃくって観ていた。善意の緊張感をどこまで共感できるかは、その人の〝能力〟をこえて、その人にとって共感できる世界が異なるのだとも考えられよう。しかし、たしかに人によって共感できる世界は異なるけれども、互いの共感の世界を広げていこうということが教育というものではないだろうか。涙というものは、やたらに見せるべきものではないが、思わず見せた涙が、はじめは理解されなくとも、時が経つにつれてしだいに理解され、共感されていくことがありうる。そういう涙は、泣く人の意図を離れて「教育力」をもつ。

せんせ　ほんまにほんま

作詞　古市カオル

ほんまにほんま
　うそやろ　せんせ
校長せんせがちょうれいで
　いわはった

みちこせんせ
　やめはるて
学校やめて
　おヨメさんになるて

ほんまにほんま
　うそやろ　せんせ
わらっとらんと
　何ぞゆうてえな　せんせ

ほんまにほんま
　うそやな　せんせ
いつもせんせ教室で
　ゆうやんか
クラスのみんなが
　ほん好きや
そやからみんな

　いつまでもいっしょ

ほんまにほんま
　うそやな　せんせ
だまっとらんと
　何ぞゆうてえな　せんせ

ほんまにほんま
　やめとき　せんせ
けっこんなんてしょうもない
　ものやんか
うちのかあちゃん
　ゆうとったで
くろうばっかり
　なんもええことあらへん

ほんまにほんま

　やめとき　せんせ
だまっとらんと
　何ぞゆうてえな　せんせ
ほんまにほんま
　あかんよ　せんせ
キャンプファイアーに学芸会
　運動会
ぎょうさんいっしょに
　したやんか
せんせやめたら
　もうシュクダイやらへん
ほんまにほんま
　あかんよ　せんせ
うつむいとらんと
　何ぞゆうてえな　せんせ

（アッ　せんせ　ないてはる…）
ＮＨＫ「みんなのうた」より

四、ウソ泣きと本泣き

このごろの子どもはよく泣くという。子どもというより大ども、大学生がすぐ泣きべそをかくという。しかも男子学生が。単位を落としそうになって先生のところに泣きついてくる。ゼミで少しきびしく指導されると、すぐ涙ぐんでしまう。

私たちの世代から見ると、ナサケナイといわざるをえない。バカモン！　と一喝をくらわしたいくらいだ。そんなことぐらいで男が泣いてたまるか！　要するに、善意の緊張感がまるでないのに、やたらすぐにほどけて泣くというのは無性に腹が立つ。「くやしい」ということばを男がやたらにつかう。これもナサケナイ。くやしいというのはどこかしめっぽい。いいたいことがあったらバンバンいえ。やりたいことがあったらバリバリやれ。自分の意思を通そうと、やれそうなことはみなやれ。その上で、うまくいかないときに、残念だといい、くやしいといえ。何もしないでいて、おこられたくらいでくやしいなどというな。

安っぽい涙と本モノの涙との区別がつかなくなっている。ウソ泣きと本泣きの区別がない。本泣きがウソ泣きみたいに軽く、ウソ泣きが本泣きみたいにヘンに深刻だ。

どうも世の中に、泣くスクリプト（すじ書き、台本）が出まわりすぎている。このラインでいくとあそこで泣くことになる、という台本である。ちょっとコトが思うようにいかないと、どのラインで泣くかということだけを選び、これときまると、あとはお定まりのコースで泣き、泣き虫が一丁あがりとなる。

泣いていないで、しっかり自分のいい分を訴え、主張する訓練が足りない。兄弟げんかがなくなったせいか。親がすぐ仲裁に入ってしまうため、相互に主張しあってけっちゃくをつけるところまで見届けられないから、安易に「泣きコースA」や「泣きコースB」のすじ書きにはまり込む。いじめられっ子というのも、多くの場合、こういう「泣きコース」のすじ書きができあがってしまっている子どもである。誤解しないでいただきたい。私は「いじめられっ子」はつねに「本人に問題がある」というつもりはない。「いじめっ子」も実は「泣かせのコース」のすじ書きを演じているだけで、大して自己主張があるわけでもないからだ。

自分のいい分を、はっきり主張してみることを、いじめっ子もいじめられっ子も練習させてみると、いつの間にか「いじめ」など消しとんでしまうだろう。

みんなに認めてもらえないという欲求不満と、だからといって自分を明確に主張する手だてもわからず、モヤモヤとしている中で、泣きコースや泣かせコースを何気なく選んで身をまかせ、とにかく他人とのかかわりを形の上でもとうという――それが泣き虫の社会である。こんなナサケナイことでどうする！

他人に安易に涙を見せるのは、泣くということの〝個人性〟を放棄していることだ。自分の個人としての責任の上で事態を受けとめることを逃げていることだ。いわば、「甘え」である。

そのつど、何をすべきかをしっかり見きわめようとしているなら、泣いてはいられない。

国語の授業などで、すぐに「主人公の身になって、どんな気持ちだったか話しあいましょう」というのは泣き虫を生み出すモトである。人の気持ちなどを安易に憶測させ、悲しいとか、つらいとか、くやしいとかの適当な形容詞を選べば、何となく泣けてくるような、そういう気分だけで自己満足することを教えることは控えなければならない。

泣くというのは〝情動〟の営みではない。むしろ理解の営みである。「わかる」という人間の知的活動である。情動はムードで、認知は思考でという考えは誤っている。もちろん、なぐられて泣くのは情動だ。ケガをして悲鳴をあげるのも情動だ。しかし、本当の泣きというものは、全人間的な「わかり」からくる。主人公の「気持ち」になって泣くのではない。主人公の置かれた状況、背景、事態の中の必然性が、「泣くに値することか」をきめる。したがって、主人公はちっとも悲しんでいなくとも、私たちがその人の不幸を泣くことすらある。（不幸のどん底にある子どもが、本人は何も知らずに無邪気に笑っているときなど。）

泣くということは、わかるということ。しかし、わかるということの中で、特定の人物の気持ちなどはそのほんの一部である。

安易な泣きを助長しないようにしなければならない。

ものごとをクールに、冷静にながめ、本当は何か、真実はどこにあるかに関心をむけさせることのほうへ導かねばならない。情動は大切だといって、情動反応を引き起こすことだけをねらった「指導」は、百害あって益はない。

五、泣くべきことを泣く

本当に心から泣くということができるためには、精神エネルギーを貯め込むことが必要である。善意の緊張感を静かに深くいだきつづけることである。

自分の中に、本当に燃えるような善意の緊張が保たれているか。他人の中の善意の緊張に共感できるか。否それよりも、本当の善意の緊張というものが、そもそもどういうものかをさがし求めているか。安っぽいものと、本当に大切なものとの区別はつくか。

こう考えると、本当に泣くということへの道は、そのまま、教育の営みだということがわかる。私たちは、心底から泣ける人間にむけて学び、子どもたちを育てなければならない。

原爆写真展へ行っても、ほんのまばらしか人が来ていないという。来ているのは学校の先生に連れてこられた小学生と、何人かの主婦たちだけだ。彼らや彼女たちだけが、人間の不幸を、自分との個人的つながりの共感をこめて泣く。

永井隆・原作、木下恵介・監督の「この子を残して」の映画を観に行った人がおどろいていた。仲間と観に行った劇場では、その数名の仲間のためだけに上映した！　観客がほかにいないのだ。「こういう映画はだれも観に来ないのです」という。

映画館は赤字になり、上映期間を短縮して、早く次の娯楽フィルムを上映しないとつぶれかねないという。「男もすぐ泣く」この泣き虫社会で、本当に泣く人がこれほど少ないのか。

いま、地球上でいろいろな人たちが泣いている。犬養道子氏の『人間の大地』（中央公論社）によると、一時間に千五百人というペースで五歳以下の子どもたちが地球上で餓死していっているという。泣く力すらもない子どもたちが。

私たちの善意の緊張感を要求していることは数限りなくある。そういう緊張感を維持し、たくわえ、じっと深く深く潜行させることのできる子どもを育てたい。その前に、私たち自身がそういう人間になりたい。

安っぽい涙やお定まりの泣きコースで泣くのでなく、真実、ほんとうにほんとうだ、ということから泣ける人間を育てなければならない。人間というのは〝互いに泣く〟関係をもつ存在である。苦しみをわかちあい、悲惨さを悲しみ、互いに相手のために、何とかしなければという善意の緊張をもちつづけていく存在なのである。

幸いなるかな泣く人、彼らはなぐさめを得るであろう。（マタイ伝五章四節）

幸いなるかな泣く人。神に「幸いなるかな」といわれるに値する「泣き」を、私たちは学び、人びとに伝え、子どもたちに教えつづけていかなければならない。

6. 「きめる」は「きまる」できめる

一、はじめに

かって決定理論の研究から認知科学の研究に「転向」した。「転向」とカギカッコをつけたのは、決定理論の研究に見切りをつけたとか、絶望したとか、挫折したとかいうことではないからで、なんとなくコトのなりゆきで、わが国の認知科学研究の「旗振り人」のひとりにいつのまにかなってしまった（されてしまった）ために、気がついたら決定理論の研究から遠ざかっていたというのにすぎない。一度遠ざかってしまうと、もう一度「のめりこみ直す」のがおっくうになり、また、つぎつぎと「やること」が舞い込んでくるのをこなしたりふりはらったりして毎日が忙しく、なんとなく、「決定理論」ときくと、なつかしいなぁとは思うものの、「自分の領域ではない」という気になっていた。

ところが、ずいぶん以前に著した『「きめ方」の論理』（東京大学出版会）という本を読んだという読者からお便りをいただいたり、お電話をいただいたりすることがたまにあり、面食らうやらとまどうやらで、しどろもどろの応対をしていた。自分はもう決定理論からは足を洗っているつもりでいながらこの原稿を書いている。

そんな次第だから、この小論は、決定理論から「転向」してしまった一認知科学者が、「部外者」の立場で、まったく勝手なことを言ってみるということにならざるをえない。

二、「きめる」と「きまる」

わたしたちは日常生活のなかで、いろいろなことをきめなければならない事態に立たされるが、そういうとき、わたしたちはできうるかぎり「きめないでよい」ようにコトをしむけるものである。なんとなくコトがうまくはこんで、結果的にだれがきめたというより、「なるようになる」、あるいは「なるべくしてなる」のを待つのである。これはなにも「責任を回避する」という意味ではなく、自分ごときが勝手に独断で「きめる」などということが、この複雑にいり組んだ社会で許されているとはとうてい思えないからである。つまり、ものごとは「きまる」のがのぞましいのであって、「きめる」などというのは、社長とか、大統領とか、ともかくどこか「高いところ」のひとにやってもらうべきことだと考えるのである。

ところで、社長とか大統領はコトを「きめる」とき、本当に自分で好きなように「きめて」いるのかというと、そういうわけではないだろう。むしろ、なぜそうきめたかが誰の目から見ても「納得」できるようにきめるのであって、「あれは彼が独断できめたことだ」などといわれ

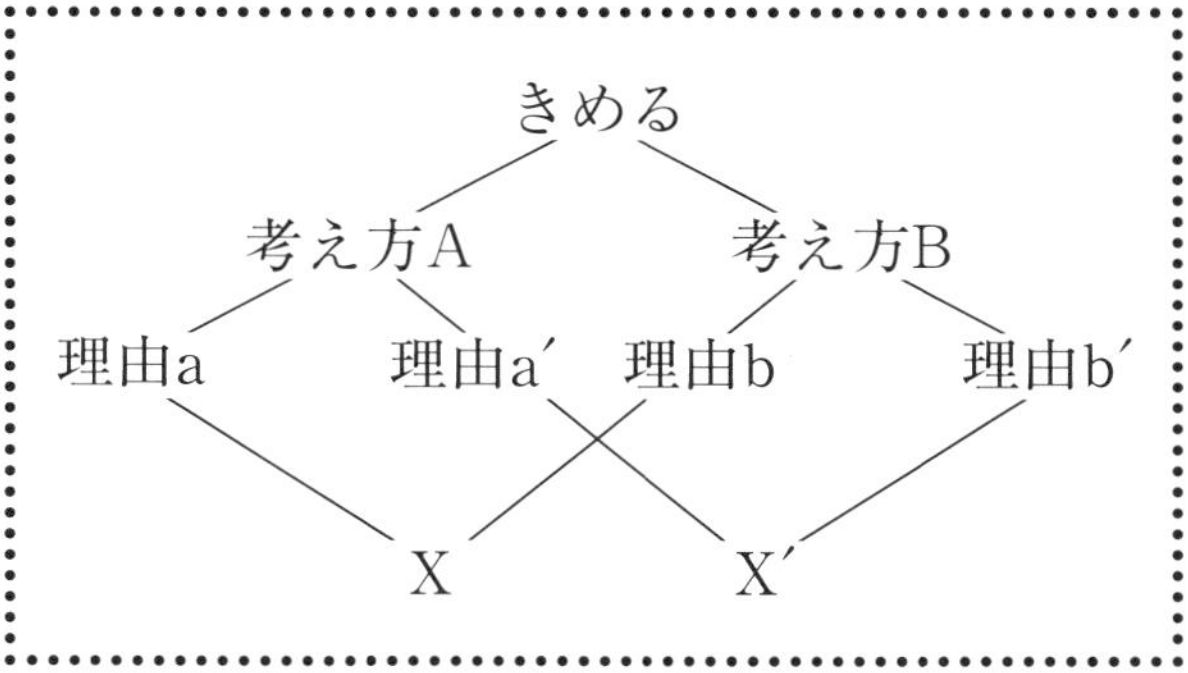

ないように最大限の努力をするのが当然であろう。やはり「なるべくしてなる」という必然性の脈を拾いだし、その脈を公に示した上で、決定結果を正当化するにちがいない。この「必然性の脈」のことを人は「選択の理由」とよぶ。

　しかし一方では、世の中には確かに「意見の相違」というものがある。Aという選択肢もひとつの「考え方」によればもっともだし、Bという選択肢も、別の「考え方」からすればもっともだということになる。そこでは、やはり「あれか、これか」の選択がなされるのであって、その選択の「理由」（必然性の脈）というものはもはやない。

　つまり、こういうことである。いまXという選択肢とX′という選択肢があったとしよう。ある考え方Aによれば、Xを選択する理由aはX′を選択する理由a′よりも強く正当化できるとしよう。一方考え方Bによれば、Xを選択する理由bよりもX′を選択する理由b′の方がより強く正当化できるとしよう。この場合、ある人がXを選んだということは、じつはその理由aを選んだことであり、また、その理由aを理由たらしめている考え方Aを選んでいることになる。

いいかえると、こういうことになるであろう。私たちは、「勝手にきめる」ということを否定し、選択は「必然性」のうちに「きまる」べきであるとし、「理由のない」自分勝手な選択は認めないとしながら、結局のところ、理由を理由たらしめている「考え方」を、全くの理由なく選ばなければならないところに行き着くのである。そうなると、やはりものごとは「きまる」のではなく、「きめる」のだというべきなのだろうか。あるいは、すべての決定は、どんなに理性的に考え、合理的に判断したとしても、究極のところは、「理由なき決定」にゆだねることになるのだろうか。

つまり、「きめる」とは「きまる」ような「きめ方」を選ぶことであり、その際「きめ方」をきめるきめ方はもはやない、というべきなのだろうか。

三、「選ぶ理由」を選ぶということ

きめ方をきめるきめ方は存在するかという問題はあとまわしにして、そもそも選ぶということがどういうことかについて考えてみよう。

さきに、選択肢Xを選ぶということは、じつは「Xを選ぶ理由」を選んでいることだとのべた。それでは、Xを選ぶ理由とは、そもそもどういうことだろうか。

いまかりにXというのが、なんらかのモノだとしよう。ショウウィンドウのなかのネクタイとでもしておこう。それを選ぶということは、それを買う理由を選んでいるのである。買って帰ったとき、「どうしてそんなネクタイ買ったの」と問い詰められても、なんだかんだといいわけがたつように買う。「衝動買い」といわれないように、いろいろな理由を考える。たとえば、

(1) 一流銘柄にしては安かった、
(2) 自分の着るジャケットにピッタリだ、
(3) ちょうどあの色のネクタイをもっていなかった、
(4) 一時間もねばっていろいろほかのものと比べたがやっぱり一番良かった、
(5) 以前からいいなと思っていたら、今日は特売になっていた、
(6) ネクラといわれていたので、ぐっと雰囲気を明るくしたかった、

などなど。

こう考えると、私たちはモノを選んでいるとき、実は、そのモノをとりまく「状況」を選んでいることがわかる。状況というのは、時間空間的な広がりを持った世界で、当面のモノ以外のモノ（選ばなかった他のネクタイ、このネクタイに合うジャケット、過去に買ったネクタイの集合、など）や、過去から未来への時間的前後（長い間ほしかったこと、これからはネアカ

になること）などをふくむ。そこには過去現在未来にわたってのさまざまなエピソードや活動がふくまれる。

このように、モノを選ぶとき、そのモノの価値（効用といってもよい）というのは、そのモノに固有な属性ではなく、そのモノをとりまきそれとかかわりあうひとびとの活動やエピソードの状況内容できまるということは、考えてみると当り前なのだが、「決定理論」として定式化しようとすると、大変な話になる。従来の決定理論では、モノ（選択肢）の効用というのは、一応個々の選択肢に固有の属性だけできまるのであり、考慮範囲内の他のモノが何であるかとか、当面のモノとは異質のモノ（先の例でいえば、ジャケットなど）とは無関係であり、それとは独立であるという前提条件のもとに構築されていた。専門用語でいえば、「無関係対象からの独立性」とよばれていた条件である。もちろん、「状況が変われば効用が変わる」ということは、昔からよくひとびとに指摘されていたことだが、それに対しては、「同一状況内では、一応、無関係対象からの独立性を仮定してよいだろう」とか、「無関係対象からの独立性の保証される範囲内での決定を定式化するだけだ」といって、なんとか切り抜けようとしてきた。ところが、かのアメリカの経済学者K・アロウの「一般可能性定理」の証明以来、この問題は、どうにもこうにも、「切り抜ける」ということがそもそも不可能だということが理論的に明らかにされてきたのである。それは、無関係対象からの独立性が保証されていると思われる状況での決定行動を厳密に定式化しようとして、いくつかの「最低限そのぐらいのことは前提にしてよいはずだ」とだれもが信じるような「公理」から出発しても、それらの公理の間に矛盾があることが導かれたり、決して受け入れることのできない事態としてのパラドックスを発生させることが明らかとなってきたからである。それらのパラドックスを回避しようとして別の公理をたてても、今度は別の矛盾やパラドックスを生じさせるのである。（詳しくは『「きめ方」の論理』を参照されたい。）それは、どうあがいても、一つ一つの選択肢がそれぞれの状況を背負っていて、その状況のなかには、他の選択肢も含まれ、また選択肢以外の、時間空間的に離れたものがむすびついているという現実を否定できないからである。

さきに、「モノを選ぶ」ということはモノを選ぶ理由を選ぶことだといった。そこでの「理由」というのは、たとえば、なんらかの「命題」で構成され、その命題の正当性がなんらかの「公理」から推論規則で演繹できるたぐいのもののように思われるかもしれないが、実際はそうではない。確かに「推論」は含まれるであろう。しかし、その「理由」を正当化させるものは公理ではなく、理由の示す世界の全体が、日常生活にどのくらい「適して」いるか、という点である。このような考え方は、言語学での意味論、あるいは語用論での最近の研究と共通したものであることにお気づきの読者もおられることだろうが、それについて論じることはこの小論の範囲を越えるので避ける。（無関係対象とみなすわけではない。）

四、「考え方」を選ぶとは

一つの「理由づけ」を、たしかにそれでいいと正当化するものとして、「考え方」があるとのべた。「考え方」というのは、与えられた選択肢（ここでは、たとえばX）に対する選択の理由を与えるだけではなく、ありとあらゆる選択肢に対して、なんらかの整合性のある方針にしたがって「理由づけ」を生成したり、示される「理由」を正当化したり、正当化できないとしたりするものである。

このように考えると、「考え方」というのは、世界に対するある種の「重みづけ」のシステムであるといえそうである。つまり、どういうことが「大切」で、どういうことは「ささいな」ことかをきめる体系である。

ところで「大切だ」という判断はどこからくるのか。たとえば今、ネクタイを選ぶとき、「値段」という項目を大切だとするのはなぜだろう。それは、「値段の変化」が私の生活全体の大きな変化をもたらすからである。高いネクタイを買ってしまうと、そのために昼食を抜いたり、読みたい本を買わないでいたり、などなど、生活全体が大きく変わるのである。また、「値段」よりも「柄」や「趣味」が大切だというのなら、それは、自分がネクラのイメージを脱却して、ネアカとしての新しい人生に第一歩を踏み出すという、やはり生活全体の変化が、昼食を数回抜いてみるという程度の生活の変化よりもはるかに大きい変化なのである。

おおげさないい方をゆるしていただけるなら、こういってもいいだろう。「考え方をえらぶ」というのは自分の生活設計をたてるということであり、とりわけ、今までと異なる「新しい」生活設計をたてるということである。ひとつはつねに生活を変え、あたらしく設計しなおして生きている。今までの生活のどこを改め、どういう変化をつくりだしたいのかということがものごとの「大切さ」の判断をかたちづくるのであり、「考え方を選ぶ」ということは、そういう「大切さ」(生活の設計変更への意志)のシステムを選ぶということになる。当然、過去の自分を振り返り、未来の自分を思い描くという、時間的なながれ、歴史性を背負っているし、無関係でない他の選択肢との関係をふくむであろう。自分はどういう人間に変わりたいか、それが「考え方」なるものの本質である。

ところで、「自分の生活設計」というのは、自分一人できまる話ではない。他者、社会、文化と深く関わっている。自分の生活設計を変えるというのも、他者の眼差しの中での自分を見直し、社会の中での自分の役割を見直し、文化を背負った自分を眺めてみることからくる。そこから、「考え方を変えてみる」という営みが必要になる。視点や立場を変えて自分を見直し、自分を取り巻く社会のひろがりをあえて設定し直して、自分を相対化してみるのである。そう考えたら、もはやネクタイを買うとか買わないなどと悩むこと自体「ささいなこと」に思えて、そんなことよりもアフリカの飢餓を救うために立ち上がるべきだと考えるかもしれない。そういう風に、選択肢の集合全体がすっかり変わってしまうことすら大いにありうるのである。

　実際問題、私たちはしばしば決定に至るプロセスのなかで、選択肢の集合全体がすっかり変わってしまうことはよくある。「車を買おう」と思っていろいろな車種を比較検討しているうちに、なぜ車を買いたいのかを考え、生活設計を吟味しているうちに、自分の生活だけでなく、家族全員の生活を考慮して、結局自分の通勤、子どもの教育環境、妻の買いものやレクリエーションなどにもっと便利な土地に住まいを移すことのほうが大切だと思えてきて、都心のマンションの選択に問題が変わっていた、などということは、ありそうなことではないだろうか。

　従来、決定理論では、決定主体が個人の場合と、集団、あるいは社会の場合とは根本的に異なる問題領域とされていた。個人の決定に関する理論というのは、単純効用理論、多属性効用理論、期待効用理論、などの理論があり、集団意志決定の理論としては、ゲーム理論、社会的決定理論、社会的選択理論、等があり、もともと理論体系がまったく別だとされていた。

　つまり、個人の決定には利害の対立はなく、判断基準の統合という問題だけがあるとされており、社会の決定では、利害の対立の調整ということが大問題とされていたのである。しかし、すべての決定には「決定にいたる根拠」があり「理由」があり、その根拠や理由を正当化する「考え方」があると見なした上で、「きめる」ということを、究極的には「考え方の選択」であるということに気づいてみると、決定主体が個人の場合でも、結局のところ、考慮しているのは自分や他人を含めた社会の全体になる。いいかえると、「すべての決定は社会的決定である」

ということになる。

五、「決定のルール」を選ぶとは

「すべての決定は社会的決定である」とはいったものの、それは決定の意味理論的考察から述べたものにすぎない。決定の意味するところ、すなわち、選択の理由を探っていけば、個人にとっての理由の世界は社会的な広がりと文脈を持つし、社会の決定の理由はその成員である個人の理由の世界を含んだものだということである。ところが現実の社会には、決定のシンタックス、つまりは「決定ルール」（たとえば多数決による決定）というものがある。個々の選択肢に対する意味づけや理由づけには目をつぶって、ある「方式」にしたがってきめるというやりかたである。これはやはり「社会的決定」にはそれなりに「社会的決定のルール」なるものがあるということなのだろうか。

ところで、なぜそのような「理由の世界に目をつぶって」ルールできめるということが現実社会ではあるのだろうか。それは私たちが時間という制約の中で生きているからである。選択の理由や根拠を吟味し、背後にある考え方を吟味して、さまざまな理由や考え方をすべてリストアップして考えていたのでは、いつまでたってもコトがきまらないかもしれない。そういうとき、「ふんぎりをつける」ということが現実には必要になる。その点では、個人の決定でもいえることである。自分でもさまざまな考え方の可能性をいつまでも吟味してばかりはいられなくなったときは、やはり「ふんぎりをつける」必要があり、その場合には心の中でサイコロを振るとか、一種の「投票」をするということがあってもおかしくない。「投票」は神経パルスの統合や、特徴抽出からパターン認識の心的プロセスに仮定される場合さえある。

それではどのような「ふんぎりのつけ方」が合理的なのだろうか。

結論をいってしまうと、理由の世界に目をつぶった「ふんぎりのつけ方」は、どう工夫しても、なんらかの矛盾やパラドックスを必ずどこかに踏むものであり、完全に合理的なルールは存在しないのである。たとえば今、ABCという三つの「考え方」(個人内でもいいし、別々の三人の考え方としてもよい)があったとしよう。選択肢x、y、zに対し、

Aによれば　x、y、z　の順でのぞましい
Bによれば　y、z、x　の順でのぞましい
Cによれば　z、x、y　の順でのぞましい

として、さらに、任意の選択肢の対は多数決原理で順位をきめるとすると、それぞれ二対一の比率で次のような順位がきまる。

xはyよりのぞましい
yはzよりのぞましい

ところが、

zはxよりのぞましい

ということで、いわゆる「三すくみ」の状態になり、決着がつかないのである。

どうしてこのようなことになるかといえば、さきにも述べたとおり、選択の理由の世界が変化するからである。「xはyよりのぞましい」というのはAとCの考え方に共通的な理由からであり、「yはzよりのぞましい」というのはAとBに共通的な理由からであり、「zはxよりのぞましい」というのはBとCに共通的な理由からである。（このような矛盾の発生は古くから「投票のパラドックス」として知られていた。ちなみに、さきにふれたK・アロウの一般可能性定理というのは、投票のパラドックスのような矛盾事態が、多数決原理などに限らずもっと一般的に、いくつかの最低限の条件を満たすすべての社会的決定方式で必ず発生してしまうということの証明である。）いってみれば、理由の世界を順序づけるべき考え方がきまらないからといって、投票できめるなどといっても、「考え方がきまっていない」ということからくる矛盾は必ずいつかはどこかで発生するということである。

もちろん、「三すくみ」が発生していないときでも選択の理由の世界は対同士で微妙にずれているかもしれないが、たまたま表面に出ないでコトがうまく運んでいるにすぎないのである。意見のずれ、考え方のずれがあってもよいのが社会なのだし、表面に出る選択行動についてなんとかコンフリクトがないようにするのが社会的決定というものなのである。

考えてみると、民主主義というのは、ものごとの選択の理由の世界をとことんまで追い詰めないという原則の上に成り立つものである。とことんまで追い詰めると結局のところ「全員一致主義」になり、独裁制になる。考え方のズレがあったまま、それをやみくもにあらわにしない「節度」というものを制度として確立しておくのが、民主主義社会の前提である。たとえばプライバシーの保証とか、黙秘権の保証というのがそれにあたる。

したがって、民主主義社会ではどのような「決定ルール」でも、(イ)考えの違いがある程度以上は表面に出ないようにするための巧妙な工夫があり、また、そのために(ロ)考えの違いに由来するパラドックス的状況があり、さらに、(ハ)そのタネとシカケをうまく活用させると、だれかは巧妙にたちまわって結果を操作できるという面がある。これらは、嫌でも受け入れなければならないことで、だからこそ、「ルール」だけでものごとをきめるのでなく、意味の世界、理由の世界をたがいに主張しあう、相互交渉の場というものが必要になるのである。特定の決定ルールを制度化されるときは、(イ)—(ハ)までの三点については必ずあるという前提にたって、専門家の知恵を借りてそれらの可能性を掘り起こし、あらかじめ十分に検討して、ルールの慎重な選択、またルールによる決定以外の方策による補償対策を講じることが必要になる。

六、「決定の支援」とは

最近、コンピュータ技術の応用として、「決定支援システム」なるものがいろいろと開発されている。私はそのような支援システムはつぎの三つの条件を満たすものであってほしいと願うものである。

第一に、「理由の世界」の展開と内的整合性の吟味を支援することである。選択の「理由の世界」を十分に広げ、そのなかでの目的や前提内容が整合的かどうかをチェックする機能を持たせること。その場合、よくやられているような、「評価項目」なるもののリストを誰かが勝手に与えて、それぞれについて「評価値」や「重みづけ」をやらせ、それをある種の計算式に当てはめて統合してしまう、というやり方は好ましくない。なぜなら、それは「選択の理由の世界」への分析をしないで、なんとなく「もっともらしく見える」結果を出してしまおうということであって、さきに否定した無関係対象からの独立性を暗黙の前提にした決定方式だからである。そうではなく、私たちの日常生活の活動の生活設計、その変化への期待、他のものごととの関連、生じうるエピソードや、活動行為などが十分に「考慮される」べく支援するものでなければならない。ともすると「評価項目」としては物理的特性や数量的測定の容易な属性の項目があげられるが、それはまったくのナンセンスである。たとえモノを作る側にとってはそれらの特性に対する評価値や重みづけがえられれば便利かもしれないが、評価する側にとっては、その特性値が生活の活動の上でどのような変化を時間空間的に与えるものなのかについての理解ができるとは思えない。

第二に、「考え方」の転換を容易にし、それを適切に受け入れることができなければならない。

視点を変えてみる、とか、立場を変えてみる、とか、活動の状況を変えてみるとか、といったことを容易にし、それに伴う変化、異なる理由づけの世界を新たに受け入れられなければならない。他人の意見を取り入れたり、価値観や目的の違いが、それなりに十分に吟味されるようになっていなければならないであろう。この場合、「考え方」が変われば、評価対象の集合も変わりうることを十分ありうるものとして、受け入れられなければならない。また、考え方の変化のプロセスの履歴がなんらかの形でのこされ、必要に応じて、「以前考えたやり方」にもどって考え直すこともできるのがのぞましい。

第三は、「適切な隠ぺい性」の保証である。なんといっても、プライバシーの保証は重要であろう。さらに、「社会的決定」のときに強調したことだが、「ものごとをとことんまで追い詰めない」節度の設定が必要である。それは、「未知性」の考慮でもある。「わからないことがある」ということを考慮し、決してすべてがわかっているものとみなしてコトを進めることのないようにしなければならない。私たちの世界は不確実性に満ちた世界である。絶対にこれが正しいというものが、すくなくとも人間の決定の根拠の世界にはありえないことを受け入れるべきである。さらに、もしも未知なる要因が作用して、コトがうまくいかなかったときに、すべてが崩壊してしまうのでなく、なんとか「とりつくろい」のできるように、修復できるようになっていなければならない。

コンピュータが決定を支援するというのは、まちがっても、「決定を代行する」ものであってはならない。わけのわからぬ「複雑な方式」の結果をうのみにさせるようなものであってはならない。「わけ」がますますよくわかり、しかも、ある程度以上には追い詰めないで、やはりそこは「未知なる未来」へむけて、ポンと跳ぶのが決定である。跳ぶのは、私たちがつねに「希望」というものをもっているからであり、互い同士を「信頼」しているからである。

あとがき

最近、ものごとが「わかる」には、どうやら人にはそれぞれの「わかり方」なるものがあるらしいこと、その「わかり方」がずれていると、ある人には実に「よくわかる」話が、別の人には「ぜんぜんわからない」ことが起こるらしいことを、いくつかの経験で痛感している。

実はこの四月から、わたしは自分が勤務している青山学院大学の二部（夜間部）の三年生を対象に「教育方法」を講義しており、毎回、講義の後に、その日の講義についての疑問や感想を書いてもらっている。講義は、毎回わたしなりには「全力を注いで」準備をし、「おもしろい」、「これならぜったいわかってくれる」という期待をこめての講義なのだが、かなりの数の受講生たちの反応は、「全然わかりませんでした」とか、「一つ一つの話はわかるような気がするが、つながりがわからない」といったものである。毎回、授業の冒頭でそういうコメントにわたしなりに答えて、「前回までの講義の復習」をしてから新しい講義内容に入り、以前にも増して懇切丁寧に、熱心に語るのだが、後の感想を読むと、やっぱり「何がなんだかわからない」という感想がいっぱい寄せられてくる。

そんなことを言うと、「ようするに、あなたの講義がヘタなんだ」とか、「あなたの授業技術を高めるように工夫しなさい」と言われてしまうかもしれない。しかもこの講義題目が「教育方法」だというのも皮肉な話だ。ただ、わたしとして、どう反省し、どういう「授業技術」を身につければよいかわからなくなるのは、若干の受講生からは、「実によくわかった」とか、「頭の中が一八〇度転換するような衝撃を受けた」とか、「生まれてはじめて、本気でものごとを自分で考え始めた」という感想もあるからである。また、この授業には、百名以上の受講生中、何人かのスパイ（佐伯研究室ゼミ生や大学院生）がモグリとしてまぎれこんでいるのだが、彼ら／彼女らがいうには、授業のあと、多くの受講生たちは講義内容について互いに熱烈に話し合っているという。「わかんない、わかんない」と言いながらも、次回の講義に「かけている」ようだという。「わかりません」という感想も、「いままで使ったことのない頭をつかうこと」への戸惑いの表明だろうという。また、「いま受講している講義のなかで、『教育方法』はいちばん真剣に受講している」と言っている学生もいるとのことである。ちなみに、講義がはじまって五分もすると、私語はまったくなくなり、気味が悪いほど静まりかえっている。こっちこそ、いったいどうなっているのかさっぱりわからない。

つらつら考えるに、どうやら、「わかり方」には、「わかるべきこと」に対応した独特のコツがあるようだ。

多くの受講生は、わたしに「知識」を与えてもらいたいのではないだろうか。確かな、「覚えておくべき」知識を。そのような「知識」が、彼らがすでに「習っている知識」とうまく結びつけば、「わかった」ということになる。それが「ほんとうか」などということは、そもそも勉強中の「学生」が問うべきことではない。本に書いてあり、誰かの「学説」だとされているなら、それは正確に、「知る」（すなわち、覚える）べき「知識」なのだ。

ところが、わたしが講義で提示する「知識」は、いつも「?」つきである。「これって、ほんとうかな」とか、「いや、別の見方もできる」とかの注釈つきである。また、どういう話と結びつくか、予想もできない。すべて、探究の過程での「なりゆき」による。講義しながら、わたし自身が「考え込んで」しまうのである。しかも、今回真剣に「信じ込んで」いた話が、次回の講義で根底からくつがえされる…。（これじゃあ、ついて行く方がたまらんだろう。）

世の中にははじめから「おもしろいコト」があるわけではない。一見つまらないことでも、疑ったり、迷ったりしていくうちに「おもしろくなってくる」。

日常のなにげないこと、みんなが「当たり前」だとしていることを、ちょっと立ち止まって、「それって、本当なの?」と疑い、自分で納得するまで、自分のことばで「確かにそうだ」と言えるところまで考えるのである。気がついたら、いろいろな学問領域ですでに問われている問いに行き着いたり、すでに「答えがでている」かのように扱われていることでも、結構、根拠がないことがわかったりもする。そういう探究のプロセスにおもしろさを見つけるには、やはりそれなりのコツをつかんでもらうしかない。

本書は、作家がエッセイ（随筆）を書くような調子で書かれている。ふと見かけたこと、ふと経験したこと、たまたま先週読んだ論文…こういうものにふと立ち止まって、「それって、どういうことなんだろう」と思い、それなりにあれこれ思いめぐらせ、自分で納得できるまで考えてみた、ということの連続である。

本書の読者が、そういう「探究のプロセス」の楽しみ方のコツを、本書から多少ともつかんでいただければ幸いである。わたしのヘタな「教育方法」の受講生諸君には、気の毒だが、当分は「頭が混乱する」経験をもう少し積んでいただくしかないかもしれないが。

本書の編集は『「学び」を問いつづけて』と同じく、小学館プロデューサー宮腰壮吉氏が担当し、カバーは、島田鮎子画伯の絵で飾ることができた。島田鮎子氏は島田省三画伯（前著のカバー絵。日本芸術院会員・愛知県立芸術大学学長）の奥様。お二人は、東京芸術大学同級生で、日本洋画界においてつとに名高いオシドリご夫妻である。心から感謝している。

二〇〇四年　七月

初出一覧

左記以外は、「わかり方の根源」●1984年　小学館

「わからない」ということの意味●「教育研究」1992年8月号（不昧堂出版）

「わかったこと」を越えていく知識●「月刊教育ジャーナル」1977年6月号（学研）

理科の「わかり方」を変える●「理科の教育」1996年1月号（東洋館出版社）

内側から見る●「信濃教育」1991年4月号（信濃教育会）

「遊ぶ」ということの意味●「学び方」2003年10月号～2004年3月号（日本学び方研究会）

「きめる」は「きまる」できめる●「言語生活」1986年6月号（筑摩書房）

●本書の収録に当たっての表記は、厳密には統一せず、各論文の初出に合わせてある。

佐伯 胖 Yutaka Sayeki

◆著者紹介

公益社団法人信濃教育会教育研究所所長
東京大学名誉教授／青山学院大学名誉教授
1964年 慶應義塾大学工学部管理工学科卒業
1970年 ワシントン大学大学院修了(Ph.D.)後
東京理科大学、東京大学大学院教育学研究科教授・研究科長・教育学部長、日本学術会議会員等を歴任

◆主な著書

『「学び」を問いつづけて』(小学館)
『学びの構造』(東洋館出版社)
『きめ方の論理』(東京大学出版会)
『認知科学の方法』(東京大学出版会)
『「学ぶ」ということの意味』(岩波書店)
『幼児教育へのいざない』(東京大学出版会) 他多数

「わかり方」の探究 —思索と行動の原点—

2004年8月1日 初版第1刷発行
2021年7月25日 初版第8刷発行

著　者 佐伯　胖

発行者 杉本　隆
発行所 株式会社 小学館
〒101-8001 東京都千代田区一ツ橋2-3-1
電話／編集 03(3230)5470
販売 03(5281)3555

印刷所 文唱堂印刷株式会社　製本所 株式会社難波製本　Printed in Japan

ISBN-4-09-837360-2